PARA ESTAR EN EL MUNDO

Guía de placeres para mujeres

Hacia una sexualidad plena y divertida

Guía de placeres para mujeres

Hacia una sexualidad plena y divertida

Fortuna Dichi

OCEANO

GUÍA DE PLACERES PARA MUJERES
Hacia una sexualidad plena y divertida

Diseño de portada: Leonel Sagahón / Susana Vargas

D. R. © Editorial Océano de México, S.A. de C.V.
Boulevard Manuel Ávila Camacho 76, 10º piso,
Colonia Lomas de Chapultepec, Miguel Hidalgo,
Código Postal 11000, México, D.F.
Tel. (55) 9178 5100
info@oceano.com.mx

Primera edición (primera reimpresión): octubre, 2010

ISBN 978-607-400-345-1

Impreso en México / Printed in Mexico

Dedico este libro

A mi esposo, Alberto, quien ha sido mi cómplice y apoyo incondicional.
A mis hijos, Reyna, Esther y Eduardo, por ser lo más bello de este
mundo y haber aguantado las bromas sobre el trabajo de su mamá.
A mis papás, por una vida de amor.

Índice

Agradecimientos

Agradezco a mi papá el haber podido romper con sus paradigmas y acompañarme en mi vida profesional.

A mi mamá, que ha visto, escuchado y compartido cada proyecto conmigo; quien me apoya y retroalimenta todos los días.

A mi esposo, que ha aguantado mis malos humores, me ha alentado cuando me siento deprimida, me sube el ánimo todos los días, y ha sido mi compañero en todos y cada uno de mis proyectos.

A Reyna, por ser mi amiga, por hacer tan fácil mi tarea de ser mamá. A Esther y Eduardo, por su paciencia, sus consejos y su comprensión. A los tres, por encender mi amor cada vez que los miro, por ser mi inspiración para ser cada día mejor.

A mi primo, León, por haber creído en mí e impulsarme a escribir este libro.

A Milly, por facilitarme la vida siempre con una sonrisa en la boca. Por su cariño, entusiasmo y ánimo. Por ayudarme con la revisión y el contenido del libro.

A Karen, por ser mi amiga y psicóloga de cabecera, por ser mi confidente, por quererme como soy, por compartir nuestras vidas e inquietudes.

A Flor, por creer en mí, por su fe en lo que puedo hacer por otros, porque siempre valora lo que hago, por ser mi consultora de imagen, por ser siempre mi compañera, mi amiga de toda la vida.

A mi abuela, Florita, un ejemplo de vida, quien me ha mostrado que cuando uno quiere algo lo logra con trabajo y dedicación.

A mis suegros, por aceptarme, amarme y sentirse orgullosos de mí.

Gracias a todas las mujeres y hombres que me han escuchado y aportado sus anécdotas y sus vivencias.

Gracias por haber confiado en mí.

Introducción

MI LIBRO

¿Por qué escribir otro libro de sexualidad? Porque a pesar de que varias personas han dicho mucho sobre la sexualidad, nunca te lo he dicho yo a ti con mis palabras.

Porque necesito decirte que puedes disfrutar de tu sexualidad libremente, aprender a gozar con plenitud de tu cuerpo, conocer cada rincón y explorarlo sin culpa ni vergüenza; que puedes gozar de uno o varios orgasmos, además de aprender cómo hacerlos más intensos. Tú ejerces el control sobre tu deseo (eres dueña de tu mente) y tienes el derecho de decidir qué haces, o no, con tu persona. Quiero enseñarte que puedes disfrutar del cuerpo de tu pareja tanto como del tuyo.

Nos han vendido la idea de que: "Los hombres nada más quieren sexo, se quieren aprovechar de las mujeres", y nosotras hemos aceptado esa idea, sintiéndonos víctimas y vulnerables.

¿Por qué nosotras no nos aprovechamos de ellos de la misma manera? ¿Por qué no aprendemos a sacarle provecho al deseo y la fantasía de ellos? ¿Por qué no usamos su cuerpo para nuestro placer? Porque no sabemos cómo hacerlo. Porque nos asusta el poder y no sabemos manejarlo. Porque nos han enseñado, desde niñas, que la mujer sólo puede y debe tener relaciones sexuales por amor, y no por deseo.

En este libro voy a desmitificar esa falsa información que nos limita como mujeres y nos hace daño como seres humanos.

Necesito decirte que el orgasmo es de quien lo trabaja. Muchas mujeres responsabilizan a sus parejas de su propio placer, cuando la responsabilidad es primero nuestra. Debemos reeducarnos para conocer nuestro cuerpo sin pena ni asco, aprender a gozar de él, amarlo y después compartirlo con una pareja.

Si al masturbarnos en la adolescencia lo hicimos con culpa y nos prometimos no hacerlo más, debemos saber que esa culpa proviene de una sociedad primitiva que aún no es capaz de aceptar que las mujeres tenemos derecho a sentir placer, sin que por ello nos convirtamos en unas... La masturbación es el principio para conocer las zonas genitales y erógenas, y la mejor forma de llegar a un orgasmo.

Escribí este libro para decirte que podemos disfrutar de lo que hacemos sexualmente, no es un castigo ni tenemos por qué poner pretextos para evitar gozar al máximo. Además, quiero darte permiso (aunque no lo necesitas) de hacer lo que desees sexualmente, siempre y cuando sientas placer, no afectes a terceros ni a ti misma y lo disfrutes.

Si a mí me hubiesen dicho algunas de las cosas que informa este texto, me hubiera ahorrado mucho tiempo, culpas, angustias y malos ratos. Me hubiera divertido más y me hubiera juzgado menos fuerte a la hora de calificarme como amante.

Estamos muy acostumbradas a compararnos con otras mujeres, con las de la televisión, las de una revista y con las amigas. Generalmente, siempre vemos más verde el jardín del vecino. No valoramos lo que sí tenemos y ponemos doble énfasis en aquello de lo que carecemos.

Hay un dicho: "Dime de qué presumes y te diré de qué careces". Amigas que se jactan de tener relaciones sexuales con varios hombres en una semana, incluyendo múltiples orgasmos en cada noche, y que nos aseguran haberlos dejado sufriendo por el gran amor que sienten por ellas, no es sino una triste y desoladora ilusión.

Cuánto daño nos hemos hecho al recrear mentiras sexuales para ocultar miedos e inseguridades. Finalmente, esas mentiras no son sino fantasías que deberían convertirse en realidad. Creemos que otras están gozando de un sexo maravilloso, mientras nosotras permanecemos frustradas, con y sin pareja.

Quiero que tú seas la única que juzgue tu vida sexual, tus encuentros eróticos, tu calidad de orgasmo, y que sólo tú decidas si quieres cambiar o estás bien como estás.

Te invito a convertirte en una buena amante, en una excelente compañera y en una mujer informada. En una mujer que goce sólo por gozar, sin que por ello sienta que es una mala persona.

Te invito a cuestionar todo cuanto nos han enseñado y hemos aprendido acerca del sexo, a crear tu propia opinión sobre lo que te da o no placer y, entonces, sólo así, elegir.

COMENCEMOS...

A muchas mujeres nos han educado para estar al pendiente de las necesidades y deseos de otros, comenzando por los de mamá y papá, llenando sus expectativas de lo que debemos ser y hacer. Así, nos educan para obviar lo que nosotras queremos o deseamos, haciendo a un lado lo que sentimos; de esta forma, cada vez tenemos menos capacidad para reconocer lo que sentimos y deseamos. Al final, terminamos enterrando nuestras propias expectativas y anhelos.

Al ser adultas comenzamos a sentir un vacío, una sensación de poco contacto con nosotras mismas y con el mundo que nos rodea, y no sabemos qué sucede, qué lo produce ni cómo podremos resolverlo. Si nos preguntaran qué pasa, no sabríamos cómo contestar; estamos tan contaminadas por las opiniones de los demás, y hay tanto ruido externo retumbando en nuestras cabezas que no nos escuchamos a nosotras mismas.

Una buena solución para ese problema consiste en volverse egoísta, aprender a distinguir qué es lo que el otro quiere y qué es lo que nosotras queremos; aprender a soñar, darnos la oportunidad de pensar diferente y hacer valer nuestras ideas.

Sexualmente estamos acostumbradas a dar, a satisfacer aquello que el otro necesita, compramos la idea de que seremos buenas amantes en la medida en la que complazcamos a nuestra pareja en la cama y no nos damos cuenta de que lo primero es estar satisfechas con nosotras mismas, indagar qué queremos, qué necesitamos y atrevernos a pedirlo.

Pareciera que al pedir lo que necesitamos, perdiéramos feminidad, espontaneidad, como si no fuera válido o como si fuéramos a asustar o traumatizar a nuestra pareja con una actitud impositiva, cuando simplemente queremos guiar a nuestra pareja por el sendero que nosotras conocemos mejor que nadie.

Una amiga me decía:

Yo no me atrevo a decirle nada; incluso cuando me está masturbando y mueve su mano perdiendo contacto con el clítoris, en lugar de decírselo, muevo la cadera tratando de pescar sus dedos.

¿No tenemos boca? No hay nada de malo en decirle: "Mi rey, ya te fuiste a otro lado, es aquí".

Un día me tocó hablar con un grupo de mujeres a las que les pregunté: ¿Podría decirme alguna de ustedes, cuál es su fantasía sexual? Reinó el silencio. Pensé que tenían pena de expresarse, así que narré varias fantasías comunes de las mujeres, y fue cuando una de las presentes me dijo:

Nunca he tenido una fantasía, sentía que al hacerlo estaría siendo infiel, no me doy permiso de fantasear y no sé ni cómo hacerlo.

Aprender a no juzgarnos con severidad es una forma de amarnos y darnos la posibilidad de romper con límites creados por nosotras mismas. Informarnos es otra manera de quebrar estas barreras y lograr obtener mayor libertad sexual en nuestras vidas.

Una vez que sabemos qué queremos, hay que buscarlo. La mayoría de las mujeres se quedan con las ganas de hacer un baile erótico o ir a una tienda de juguetes sexuales por vergüenza. Ésta es la hermana del miedo. Vergüenza y miedo de mostrar su cuerpo y ser juzgada, de no ser tan bella como quisiera, como las mujeres de la televisión y las revistas; vergüenza y miedo de parecer una insaciable que pide demasiado, vergüenza y miedo de solicitar que le hagan algo que se le antoja, porque seguramente su pareja no quiere, o, escandalizado, le preguntará que quién le informó de semejante actividad, que dónde vio algo igual.

Necesitamos confiar en nosotras, en lo que somos capaces de dar. Necesitamos saber que no pasa nada si al otro no le gusta lo que a mí, lo que importa es que a mí me guste y luchar porque el otro aprenda a complacerme. Asimilar que en una relación somos dos y son tan importantes el uno como el otro. Mi abuelo decía: "No quiero una pareja que me vea hacia abajo ni una que yo tenga que mirar hacia arriba, quiero una pareja en donde los dos estemos al mismo nivel".

La estabilidad emocional que nos da una buena relación de pareja nos permitirá disfrutar más de la vida y el sexo.

No todas las experiencias sexuales van a ser maravillosas. Algunas serán buenas y otras no tan buenas. Otras serán realmente fantásticas; sin embargo, todas enriquecen de alguna manera, pues nos dejan un poco de quien nos acompaña.

En este libro estás a punto de descubrir información que te ayudará a encontrar la libertad sexual de la que hablamos. Reconozco que, a veces, generalizo mucho; si lees algo que no te convence, deséchalo.

A través de los capítulos te mencionaré los mitos y falacias más comunes dentro de la sexualidad. Hablaremos de las zonas de mayor placer en el cuerpo y de cómo estimularlas; de la primera relación sexual y de cómo ésta puede ser lo más satisfactoria y amable posible. Compartiré contigo experiencias profesionales de mujeres que se dedican al sexo, desmitificaremos la masturbación femenina y enseñaremos cómo tener uno o varios orgasmos. Hablaremos del sexo oral, elegido por la mayoría de los hombres como el mejor de los placeres. Te compartiré las quejas de caracter sexual más comunes de los hombres. Mencionaré las posiciones sexuales frecuentes y la forma de incrementar el placer en cada una de ellas. Hablaremos de cómo las fantasías pueden ayudar a un buen orgasmo. Te mostraré las diferencias que hay a nivel erótico entre hombres y mujeres, y te enseñaré cómo manejarlas. Hablaré de cómo lograr tener inteligencia sexual, un término nuevo y muy atractivo.

Comentaré cómo mantener el interés constante y vivo de nuestra pareja; hablaré de las mujeres que no quieren nada de sexo y de las que lo quieren todo el día. Te enseñaré cómo ser sexy y sensual.

Hablaré de los motivos por los que las mujeres son infieles; también de cómo lograr ser una excelente amante. Por último, contestaré las preguntas más frecuentes en este terreno.

Acompáñame en este viaje y permíteme compartir todo lo que he aprendido de las experiencias de cientos de mujeres y hombres con los que he platicado y me han abierto su corazón.

En una relación de pareja creo que siempre hay posibilidades de negociar. Debemos aprender a comunicarnos, saber cuándo y cómo.

Cuida tu corazón y tu alma, conoce bien el terreno que pisas, a la persona que te acompaña, el ser que está a tu lado y que ha decidido, en conciencia, estar ahí.

1 Mitos

Cuando cualquier aspecto de la condición humana se ve envuelto en la ignorancia y la superstición, aparecen mitos y falacias que oscurecen la verdad. Los mitos son creados para explicar lo inexplicable, y persisten debido a que preservan la tradición y protegen a la gente de la ansiedad y la inseguridad.

Debido a la expansión de los medios de información y de la disponibilidad de material sexual, la sociedad ha tenido la oportunidad de informarse y de eliminar mitos y obtener verdades. No obstante, constantemente se crean nuevos mitos.

Por ejemplo, hace algunos años se creía que las disfunciones sexuales no se podían resolver. En la actualidad, después de probar varios métodos, muchos se han ido al otro extremo, asegurando que las disfunciones sexuales se curan con facilidad por medio de trucos muy sencillos.

La sexualidad es parte de nuestra herencia. Sin embargo, no se accede a ella por medio de la enseñanza. La base de muchas de nuestras creencias sexuales, ya sean buenas o malas, procede de la educación que recibimos en etapas tempranas de nuestras vidas.

Una vez más, la educación honesta es la respuesta; informarnos, investigar y preguntar son algunas alternativas. Conforme vayamos eliminando mitos y falacias de nuestra cotidianeidad nos acercaremos a una sexualidad más plena, sana y satisfactoria.

Los mitos y tabúes sexuales nos han limitado por mucho tiempo: las falsas creencias al respecto, las anécdotas de nuestras amigas que nos llenan de envidia y desilusión, lo que los medios han impuesto como un fin y una manera de ser bellas por medio de la cirugía plástica, lo que los hombres han visto en la pornografía: el comportamiento adecuado de una mujer que está allí sólo para servirlo, y lo que está escrito en las revistas.

La mayoría de la información que se repite de boca en boca termina transformándose en leyes no escritas de la sexualidad.

Algunos de estos datos pueden tener cierta veracidad, otros parecen haber sido creados para la conveniencia de alguien, otros son absolutamente disparatados y hasta tenemos los que causan risa con sólo escucharlos.

Por medio de esta contaminación informativa se crean expectativas que ninguna pareja puede llegar a cumplir y eso causa frustración y malestar.

Vamos a revisar algunos tópicos.

LOS HOMBRES SIEMPRE QUIEREN

Sólo que sean máquinas, y no lo son. Las dificultades y peleas en pareja, la mala salud, el cansancio, el estrés, el exceso de alcohol, la llegada de los hijos y la monotonía sexual, entre otros factores, pueden inhibir el deseo.

LOS HOMBRES SIEMPRE PUEDEN

Hay momentos en que desean una erección y no la logran por muchos motivos: cansancio, ansiedad, angustia, depresión, etcétera.

Relájense, no los pongan más nerviosos, dejen pasar el momento, mañana será otro día.

Si conseguir una erección se convierte en un problema disfuncional, lo mejor es acudir con un médico urólogo

EL ORGASMO FEMENINO SE TIENE QUE OBTENER POR MEDIO DE LA PENETRACIÓN

Falso, el orgasmo puede conseguirse con y sin penetración. Si lo lograste por medio de la penetración qué bueno, y si fue con masturbación, igualmente bueno.

La mayoría de las mujeres no logran un orgasmo vaginal pero sí clitorial, y no es mejor uno que otro. Son diferentes. Cada mujer buscará lo que es más placentero para ella.

El verdadero mito es la multiplicidad de tipos de orgasmo en la mujer. Lo comprobado es que el orgasmo femenino es básicamente clitoriano, y que es por medio de enervaciones nerviosas del clítoris cuando se irradian sensaciones placenteras hacia otras zonas, como la vagina.

LAS RELACIONES SEXUALES TIENEN QUE DURAR MÍNIMO 30 MINUTOS

Las películas y relatos eróticos nos cuentan que las parejas hacen el amor toda la noche; cuánto daño nos han hecho al difundir esa falsa información, ya que frustran los pocos minutos que nosotros invertimos en la cama.

Los investigadores de la Escuela de Humanidades y Ciencias Sociales de la Universidad del estado de Pennsylvania, pidieron a medio centenar de terapeutas sexuales de Canadá y Estados Unidos que, sobre la base de su experiencia con pacientes, indicaran cuál era la duración de un acto sexual "adecuado", "deseable", "demasiado breve" y "demasiado prolongado". Los resultados: de 1 a 2 minutos, "demasiado breve"; de 7 a 7 minutos, "adecuado"; de 7 a 13 minutos, "deseable" y, de 10 a 30 minutos, "demasiado prolongado". Sin embargo, ese lapso no incluye la estimulación erótica previa al acto sexual. Estos resultados sugieren que el terapeuta promedio cree que el acto sexual que dura entre 3 y 13 minutos es la norma.

El doctor Irwin Goldstein, editor de la revista *Journal of Sexual Medicine*, mencionó un estudio de cuatro semanas, realizado a 1,500 parejas, en el 2005, según el cual, el tiempo medio del coito fue de 7.3 minutos.

LAS MUJERES SÓLO QUIEREN JUEGO PRESEXUAL, NO LES IMPORTA TANTO EL ORGASMO

Tampoco, tampoco. Sí deseamos el juego presexual, las caricias y los besos pero también queremos, al final, un buen orgasmo.

LA MUJER DEBE TENER VARIOS ORGASMOS, YA QUE ES MULTIORGÁSMICA

Sí tenemos la capacidad de ser multiorgásmicas, pero con dificultad a veces conseguimos uno como para exigirnos la multiorgasmia. No es una competencia, cada mujer, en cada ocasión, decidirá si está satisfecha o quiere más.

EL ORGASMO ES INDISPENSABLE PARA UNA BUENA RELACIÓN SEXUAL

A veces, hay mujeres que sólo quieren complacer a su pareja y no están concentradas en su orgasmo; no lo desean y no lo buscan, y no por ello la relación es mala.

No todas las relaciones sexuales van a ser de 10, habrá algunas de menor calidad; pero, finalmente, son un acto de amor, de placer y de entrega.

UNA BUENA PAREJA ES AQUELLA QUE LOGRA EL ORGASMO SIMULTÁNEO

Si eso fuese cierto, entonces tendríamos que aceptar que la mayoría somos malas parejas. El orgasmo simultáneo es cuestión de suerte; sí llega a suceder, sobre todo cuando la pareja se excita sobremanera al escuchar que el otro está a punto de llegar al orgasmo, entonces surge la comunión. Para lograrlo, tenemos que tener control sobre nuestro orgasmo, frenar y esperar al otro. O esperar que la suerte nos acompañe. La idea es que ambos sintamos placer, no importa en qué momento de la relación sexual.

SI ÉL ES UN BUEN AMANTE, DEBE DARME UN ORGASMO

Él no te da nada. La responsabilidad del orgasmo es de aquel que lo trabaja. Aunque fuera el mejor amante del mundo, si tú no quieres, si tú no sabes cómo, si estás distraída, no lograrás tener un orgasmo. Cuando una mujer se conoce y sabe cómo tener un orgasmo, comparte esta información con su pareja y juntos trabajan para lograrlo.

LA MASTURBACIÓN PRODUCE DAÑOS FÍSICOS Y PSÍQUICOS

No en el hombre y tampoco en la mujer, es una mentira, no es cierto: no se acaban los espermas ni provoca locura, es una forma de conocer tú cuerpo y aprender a disfrutarlo.

EL HOMBRE ES EL QUE SABE TODO SOBRE EL SEXO

Esta creencia proviene de muchos años atrás y, aunque los paradigmas al respecto han cambiado, se sigue dando por sentado que las pautas de una relación sexual deben ser marcadas por el hombre.

Se espera que el hombre, debido a su gran experiencia, conozca todos los secretos del sexo.

Aún hoy, las mujeres piensan que los hombres saben más que ellas y que son los responsables de si el sexo fue bueno o malo durante la relación.

Los hombres no lo saben todo y necesitan que su pareja los guíe.

EYACULANDO FUERA DE LA VAGINA NO HAY RIESGOS DE EMBARAZO NI CONTAGIO SEXUAL

Durante la relación sexual el pene puede arrojar antes de la eyaculación gotas de semen que contienen espermatozoides; los cuales tienen las mismas posibilidades de llegar al óvulo y fecundarlo que los expulsados durante la eyaculación. Asimismo, esas gotas de semen tienen la capacidad, como el propio lubricante vaginal natural, de transmitir enfermedades venéreas.

Usar esa técnica como método anticonceptivo es altamente insegura.

SI NO TIENE UNA ERECCIÓN, COMPRA UN MEDICAMENTO Y PROBLEMA ARREGLADO

En el 80% de los casos de disfunción eréctil, la causa es física, por lo que es importante, antes de auto recetarse, es ir con un urólogo que descarte problemas de diabetes, colesterol, cardiopatías, hipertensión, etcétera. Lo que hace el medicamento es tapar un problema que es importante resolver con detenimiento.

LOS MITOS MÁS EXTREMOS QUE HE OÍDO:

"Si no tuviste un orgasmo antes de tu primera relación sexual, nunca podrás tenerlo."

Si esto fuera cierto, habría millones de mujeres sin orgasmo. Nada tiene que ver, cada uno a su tiempo.

"El hombre es un animal, por lo que no puede controlar la infidelidad".

Si es así, que lo encierren en una jaula del zoológico. Es un ser humano y tiene conciencia; hombres y mujeres podemos resistir al deseo. ¿Será que la infidelidad nunca se le antoja a nadie?

"Si te lavas la vagina con bicarbonato después de hacer el amor, eliminas todo esperma fértil."

Qué brutos los laboratorios que no escucharon este consejo sabio de la amiga de mi amiga, han gastado miles de dólares buscando métodos anticonceptivos cuando el bicarbonato es la solución. Totalmente falso. El bicarbonato en la vagina no es un método anticonceptivo.

"Para que la mujer se embarace es necesario que hombre y mujer alcancen el orgasmo a la vez."

Si esto fuera cierto habría muy pocas personas poblando la tierra.

"Tener relaciones de pie evita el embarazo por la gravedad."

Totalmente falso, la movilidad y velocidad de los espermas no respetan la gravedad.

"Es difícil que una mujer se embarace la primera vez que tiene relaciones sexuales."

Realmente no es nada difícil. De hecho, es algo que ocurre con mucha frecuencia. Biológicamente, no existe ninguna traba para ello; es más, la mujer, al sentir los nervios de su primera relación sexual, puede adelantar la ovulación y facilitar así la concepción.

"Si no se tiene penetración no hay posibilidad de contagio de una enfermedad de transmisión sexual."

Algunas enfermedades son transmitidas vía cutánea, por lo que únicamente el contacto de piel con piel puede contagiar (herpes).

Algunos virus y bacterias se encuentran en la secreción vaginal y en el semen, por lo que, si éstos entran en contacto con la boca o el ano, también puede haber contagio.

"Cuando tienes tu primera relación sexual se te nota físicamente."

No hay forma de que se note; no se les ensanchan las caderas, ni brillan más los ojos, ni les sale acné, ni caminan más seguras. Puede ser que se tenga una actitud diferente o que estén más contentas o más tristes pero, físicamente, no hay diferencia.

2 Vamos a conocernos...

Para preparar un buen platillo hay que conocer bien sus ingredientes. Para gozar de un buen encuentro sexual hay que conocer bien a los participantes más importantes. Sabemos que el cerebro domina el sentir del cuerpo. Que toda la piel tiene terminaciones nerviosas que al ser estimuladas pueden proporcionar mucho placer. Que el cuello, el lóbulo de la oreja, que los labios, los senos, las nalgas, la palma de la mano y muchas más áreas del cuerpo son sensibles —y de ellas hablaremos más adelante—, pero los genitales (pene y vulva) son los primordiales.

Es muy importante establecer ciertas reglas, no tienes que hacer nada con lo que no te sientas a gusto, cómoda o no te de placer. Date la oportunidad de abrir tu mente y conocer áreas nuevas, pero sólo si así lo deseas.

PENE Y SU ALREDEDOR

Sería maravilloso que pidieras a tu hombre que pose para ti desnudo y te explique cómo funcionan sus genitales.

Para él, el ego está centrado en su pene, es su pequeño amigo, su personaje favorito, lo conoce desde que nació y lo ha acompañado y cuidado a diario.

Jamás le digas: "¡Ay, qué chiquito, qué feito, qué aguadito!", porque es la cosa más bella de este mundo para él. Si quieres puntos a favor alaba su firmeza y su forma.

Para nosotras no es importante el tamaño, ya que la estimulación será preferentemente en el clítoris, pero para él si lo es. Por lo que es recomendable, en algún momento, decirle que su tamaño es perfecto.

Un hombre me confesó:

El momento en el que me he sentido más halagado, valorado y seguro fue el día que mi novia sacó su cinta métrica y me dijo: "Te lo voy a medir". Cuando lo hizo me dijo: "Guau, mides 15 cm. ¡Me dijeron que esto es perfecto!".

Los penes varían de tamaño, por término medio miden de 10 a 17 cm., de largo y 3.9 cm. de ancho, una vez erecto. Cuando se excita, los tejidos eréctiles se llenan de sangre y provocan que el pene crezca y se endurezca.

El pene se compone de cabeza o glande (extremo superior que parece champiñón), uretra (diminuto orificio en el glande por donde se orina y eyacula), el cuerpo del pene (longitud) y el frenillo (pequeño pliegue donde se une el glande con el cuerpo del pene). Si tu hombre no está circuncidado, tendrá prepucio (pliegue que cubre el glande cuando esta flácido).

El área mas sensible y con mayor número de terminaciones nerviosas es el glande, toda caricia en esta zona será agradecida. El frenillo es aún más sensible.

En el nacimiento del pene se encuentra el escroto, una bolsa de piel que guarda y protege a los testículos; estos tienen la función de producir esperma y testosterona. Numerosos hombres me preguntan: "¿Por qué las mujeres, al estimular, se olvidan de los testículos?". La estimulación de testículos hará la experiencia más completa para ellos. Entre los testículos y el ano está el perineo, una zona con muchas terminaciones nerviosas que podemos estimular, siempre y cuando para ellos sea placentero.

El Punto P (por próstata) masculino está situado en la parte inferior del recto, justo detrás de la pared anterior del ano, debajo de la vejiga. Tiene el tamaño de una castaña. Dicha zona es rica en terminaciones nerviosas, y muy sensible al tacto.

El ano es una zona erógena sumamente sensible y placentera para muchos hombres —por favor no creas que porque a él le gusta es homosexual. Si deseas estimularlo en esa zona, el orgasmo va a ser más intenso.

A diferencia de lo que se cree, la eyaculación y el orgasmo son dos procesos diferentes y que no siempre se producen al mismo tiempo. El orgasmo es la sensación y la eyaculación es la descarga de esperma. Él puede tener un orgasmo sin eyacular o eyacular sin la sensación de placer.

VULVA Y VAGINA

Nuestros genitales están fuera de nuestro campo visual, lo que hace más difícil su exploración y conocimiento. De entrada, muchas mujeres sienten que su vagina es fea o sucia y eso las aleja del placer. Ellos sí la tocan, la exploran, la besan, pero ellas ni se acercan. Algunas mujeres me dicen que lo que más les molesta es el olor: "¿A qué huele?", pregunto, y ellas contestan: "A vagina". ¿A qué quieren que huela? ¿A chocolate? ¿A rosas? No es chocolate, no es rosa, es vagina. Otras me dicen que se hacen lavados vaginales con perfumes; no es recomendable, ya que cambian el Ph y puede provocar más daño que beneficio, además, la vagina olerá como siempre, pero con perfume.

Una buena higiene y la ausencia de infecciones harán que el olor vaginal sea normal e incitante.

Algunos hombres se quejan de los vellos largos y abundantes de la zona genital femenina y a otros les encantan.

¿Cómo te gusta a ti? ¿Qué te hace sentirte más cómoda y bella? ¿Qué le gusta a él?

Si te gusta lo que ves así lo dejas, si quieres modificarlo puedes recortar los vellos al ras (vulgarmente llamado una podada al mes), rasurarte, o puedes eliminar por completo el vello con láser, electrólisis o cera mensual.

El vello púbico sirve para proteger la piel durante la fricción del coito, y se dice que genera feromonas (sustancias químicas secretadas por la piel que poseen un olor, no siempre perceptible, que estimula el deseo sexual) por lo que muchas mujeres deciden no eliminarlo por completo.

En una reunión, una mujer me dijo que a su pareja le encantaba cuando ella se rasuraba la vulva por completo, pero que ella se miraba al espejo y se sentía como niña chiquita y eso la bloqueaba.

Otra dijo: "No puedo tener vello, me siento sucia".

¿Y a ti, cómo te gusta y cómo te funciona?

Es importante que conozcas tu vagina, por lo que te sugiero un ejercicio. Elige un momento de tranquilidad y un lugar seguro y privado, toma un espejo y colócalo entre tus piernas. Cada vagina es diferente y única. Comienza con el reconocimiento. La región externa se conoce como vulva y comienza en el monte de Venus, un cojín en forma de V que está cubierto por vello púbico; es lo primero que ves al pararte frente a un espejo. Siéntate con las piernas abiertas y verás unos pliegues cubiertos de vello, son los labios mayores, al abrirlos, encontrarás los labios menores, el tamaño y forma varían, los labios mayores generalmente cubren a los menores. Cuando hay excitación, los labios mayores se llenan de sangre, se enrojecen y aumentan de tamaño mientras que los menores segregan un líquido que lubrica la vagina.

Las vulvas tiene diferentes diseños: hay vulvas pequeñas, largas, grandes, con labios mayores grandes que ocultan a los menores o labios mayores pequeños y labios menores más grandes. Todas son normales, lo importante es que le guste a su dueña. (Si no te gusta, puedes hacerte una cirugía estética.)

Entre la entrada vaginal y el ano hay una zona llamada perineo, también muy sensible. El ano es una zona que para muchas mujeres puede ser placentera y para otras no.

Sobre la entrada de la vagina verás un orificio diminuto por el que orinas, se llama uretra. El clítoris, el órgano más sensible, se encuentra en la cima de la vagina, en el extremo más cercano al ombligo, parece un gusanito cubierto por un capuchón. Lo que alcanzas a ver es la punta del iceberg ya que su extensión interna mide alrededor de 10 cm. de largo. Con la estimulación del clítoris, éste se llena de sangre y se vuelve duro y sensible, el clítoris posee los mismos elementos que el pene, sólo que no están a la vista. La única función del clítoris es darnos placer.

El Punto G se encuentra dentro de la vagina, sobre la pared interna, si introduces tus dedos sentirás una protuberancia de textura esponjosa que, al ser estimulada, puede ocasionarte ganas de orinar, en un principio, y después una sensación de placer.

La vagina es un tubo muscular de 8 a 10 cm. de longitud que, estimulada correctamente, se expande hasta adaptarse a cualquier tamaño de pene.

Cuando el pene entra, las paredes vaginales lo envuelven.

La mayoría de las mujeres requieren de la estimulación directa en el clítoris para un orgasmo; durante el orgasmo, la vagina se contrae enérgica y rítmicamente, haciendo el placer más intenso.

Una amiga, después de su primer parto, me llamó alarmada: "Me salió un pliegue en mi cola". "¿Cómoooo?". Respondí. "Sí, te lo juro; me salió una carne aguada entre mis piernas." Corrí a su casa y me mostró su vulva (para ella llamada cola), yo no veía nada fuera de lo común. "¿Qué ves?", pregunté. "Esto", me dijo, señalando sus labios menores (totalmente normales). "¿Qué tienen?" "Mira cómo se salen" (no veía nada malo). "¿Conocías tu vulva antes del parto?" "No, nunca me había visto, pero así no se ven en las películas."

¡Por favor!, conozcan su cuerpo

¿Hay órganos sexuales que no reconociste sino hasta ahora?; ¿hay palabras que no conocías?; ¿has explorado tus genitales?

3 Masturbación femenina: otras formas de placer

Los hombres se masturban. Lo sabemos desde hace muchos años y es aceptado por la sociedad como algo perfectamente natural.

Las mujeres se masturban. Actividad y enunciado que incomoda a muchos y ruboriza hasta a las más liberales. Las chicas decentes también lo hacen.

El hijo varón de una amiga llegó corriendo a su habitación, acusando de haber sorprendido a su hermana masturbándose dentro de su recámara; ella le preguntó:
–Es normal, ¿tú no lo haces?.
–Sí, claro, pero yo soy hombre.
–Sí, y ella es mujer, y puede hacerlo igual que tú.
(Aplausos amiga.)

Gracias a la educación de represión en la que muchas mujeres hemos crecido, la masturbación ha sido un tema poco hablado y mucho menos practicado. Diversas mujeres con las que he platicado sobre el tema, mencionan haberlo hecho con mucha culpa y asco, jurando que esa era la última vez en que lo hacían, como si justificasen sus actos pecaminosos. Cuando sabemos que la práctica de la masturbación, en la mayoría de los casos, es una actividad en la que se experimenta placer, se aprende a conocer el cuerpo y a gozar de un orgasmo sin perjudicar a nadie, sobre todo a ti misma.

Sin embargo, la masturbación femenina sigue siendo un tabú.

A lo largo de la historia, el hombre ha vivido su sexualidad de modo más satisfactorio y libre que la mujer, ya que desde los inicios de la humanidad, ha tenido que potenciar su virilidad para poder asegurar su descendencia, mientras que la mujer ha permanecido en un plano pasivo, receptora del cortejo y de las prácticas sexuales.

La masturbación femenina es un tema que a muy pocos deja indiferentes y que suele intimidar a las mujeres.

Es posible que ésa sea la razón por la que se hable tan poco de ello, hasta el punto en que, a veces, parece como si no existiera. Quizá por eso nuestro conocimiento sobre el autoerotismo femenino sea tan escaso y lo poco que creemos saber unos y otras de él, esté basado más en fantasías y errores que en realidades.

Para muchas mujeres, la decisión sobre la masturbación es difícil, ya que si lo hacen sin verdadera convicción crecerán sintiéndose culpables o libidinosas. La idea que te propongo es cuestionarte, experimentar y, en plena conciencia de tus derechos y tus deseos, decidir qué quieres hacer.

Se aprende a tocar un violín al saber colocar los dedos para lograr cada nota, se logrará un buen orgasmo en la medida en que se conozca el cuerpo y sepas cómo acariciarlo.

Alrededor del 70% de las mujeres se masturba hasta el orgasmo alguna vez en su vida. Un considerable número lo realiza por primera vez ya pasados los veinte años, o cuando ya han realizado el coito. Algunas lo hacen en la regadera y otras en la intimidad de su recámara. Otras mujeres no se masturban nunca.

La frecuencia con que una mujer se masturba suele variar dependiendo de las circunstancias, las que más mencionan realizarlo son aquellas que se han quedado solas después de una relación, las que sus parejas viajan mucho, las que no suelen satisfacerse lo suficiente con su compañía sexual (ya sea por la poca frecuencia de los encuentros o la mala calidad de ellos) y las que consideran que tienen una libido mayor a sus parejas.

Sabemos que la masturbación es un excelente modo de descubrir formas más placenteras de orgasmo, ritmo, fuerza en la fricción, posición, además de satisfacer sus deseos. La masturbación es una experiencia personal y privada. Muchas mujeres descubren, masturbándose, mejores formas de excitarse y de llegar al orgasmo durante el coito, incluso puede contribuir a que algunas experimenten orgasmos múltiples. Cuando se realiza, se debe contactar con las sensaciones placenteras sin hacer juicios negativos al respecto.

Hay mujeres que buscan tener un orgasmo con penetración cuando todavía no han logrado entender su cuerpo; conocerlo y saber qué es lo que les gusta, les excita y les causa placer. Ese es principio básico para alcanzar un orgasmo, por lo que la masturbación seria un buen comienzo.

VAMOS A DEFINIR

La masturbación es una alternativa para disfrutar la sexualidad, en pareja o en soledad, y se entiende por ella, la estimulación y/o autoestimulación, directa o indirecta de las zonas erógenas, con el objetivo de obtener y/o proporcionar placer.

MANERAS DE ESTIMULARSE

Las necesidades sexuales de cada mujer varían ampliamente, cada una tiene sus propias preferencias y deseos. Algunas mujeres lo hacen con la mano, estimulando directamente el clítoris; otras se ponen lubricante y acarician la vagina en toda su extensión; otras utilizan dildos o vibradores. Algunas prefieren introducirse o frotarse con objetos, como una almohada o la esquina de una silla y algunas más lo hacen con la fuerza del agua de la regadera, o colocan la vulva en la salida del agua del jacuzzi.

Si te decides a intentarlo, te doy algunos consejos:

- Elige un momento en el que puedas estar sola y sin prisa.
- Date un baño previo de agua caliente que te ayude a relajarte.
- Elige el lugar donde te sientas más a gusto. (Hay mujeres que lo hacen sobre la cama y otras en la tina.)
- Utiliza tu mente como medio de excitación, date permiso para utilizar cualquier recuerdo, imágenes de películas, literatura erótica o crea tu propia escena de pasión.
- Puedes utilizar un gel vaginal para mayor lubricación y suavidad en la fricción.
- Empieza acariciando tus zonas erógenas, las zonas placenteras de tu cuerpo.

- Cuando te acerques a tu vulva, tócala toda antes de poner tus dedos en el clítoris.
- Si no sabes dónde está el clítoris, comienza estimulando la vulva poco a poco, conócela, y en la parte más alta, en el comienzo de los labios mayores, encontrarás un pliegue que, al ser estimulado, puede hacerte sentir más placer o cosquilleo del acostumbrado; ahí estimularás más.
- También puedes introducir un dedo, dildo u objeto dentro de la vagina.

El movimiento puede realizarse de diferentes maneras, prueba y descubre cuál es tu preferida; puedes hacer movimientos giratorios, poniendo tu dedo pulgar e índice alrededor del clítoris y haciéndolo girar suavemente; darle masaje circular y presionarlo con tus yemas; también puedes darle golpecitos (para ello, con una mano debes echar los labios vaginales hacia atrás para que el clítoris quede expuesto y con un dedo de la otra mano darle ligeros y suaves golpecitos). Algunas mujeres disfrutan más con una presión directa del clítoris, mientras que otras prefieren acariciar los laterales.

Hay mujeres que consiguen sentir los mejores orgasmos cuando la estimulación es en el clítoris y vagina al mismo tiempo. ¿Se puede? Sí. Se puede introducir un dedo en vagina mientras con el otro se acaricia el clítoris o comprar un vibrador llamado "el conejo" que es un juguete sexual con pilas que estimula ambas zonas al mismo tiempo, llevando a muchas mujeres al multiorgasmo.

Los vibradores, consoladores o dildos son algunos de los juguetes sexuales que más gustan a las mujeres a la hora de la masturbación.

El dildo es un juguete en forma de pene, fabricado con plástico, látex, cristal u otros materiales. Posee tamaños y diseños diferentes y está especialmente diseñado para ser introducido en vagina y ano.

El vibrador es un dispositivo que opera con pilas, también tiene forma de pene, vibra y es utilizado para estimular el clítoris, la vagina y el ano. Existen cientos de diferentes modelos: chicos, grandes, de colores, con texturas, con diferentes velocidades, con control remoto, simulando penes o formas de patito, paletas o lápices labiales.

Generalmente, cuando una mujer compra, por primera vez, un vibrador elige el más sencillo. Lo importante es sentirse a gusto con él.

Algunas de las formas más excitantes de masturbación femenina son las siguientes:

- Con el chorro de agua de la regadera.
- Con el flujo de agua de los chorros a presión de un jacuzzi o bidet.
- En la orilla de una solitaria playa, dejando que las olas choquen contra su cuerpo.
- Con el roce de la almohada entre las piernas.
- Con el roce de sus pantaletas.
- Con la palma de la mano.
- Con un objeto o juguete sexual; como un vibrador.
- Con los dedos.
- Con el frote del clítoris sobre una superficie, como el descansabrazos de un sillón o el borde de una silla.

Algunos de los mitos más comunes acerca de la masturbación son éstos:

La masturbación está hecha para solteras, las casadas no la necesitan.

¡Falso! La masturbación es una práctica individual y personal en la que se busca el placer. ¿Sólo se puede obtener placer si tu pareja está a tu lado? ¿Esto quiere decir que, si no tengo pareja o si él no está conmigo, mi sexualidad desaparece o que no tengo derecho a sentir placer? Si él o ella tienen una libido más alta, ¿tienen que reprimir su deseo?

Muchas mujeres dicen que la experiencia de un orgasmo en la intimidad es muy diferente a la que se obtiene en la relación sexual. "El contacto directo sobre clítoris, y el placer que se alcanza a partir de eso, no se obtiene tan fácilmente con el coito", dicen algunas.

La masturbación es inútil.

¡Eso es falso! El autoerotismo es útil, pero en ningún caso obligatorio. Algunas personas lo han experimentado y no lo han apreciado realmente, ya que lo encuentran vacío desde el punto de vista emocional, así como estéril.

Las mujeres que practican el autoerotismo rara vez tocan su vagina.

Es verdad. Sólo un 5% de las mujeres que se masturban lo hacen con estimulación de la vagina. A menudo, se concentran en el clítoris para estimularse.

Una mujer que sabe procurarse placer tiene más posibilidades de sentirlo cuando practica el amor en pareja.

Cierto. Alrededor de 1/3 de las mujeres tiene dificultades para alcanzar el orgasmo. A menudo, debido a la falta de experiencia de su propio cuerpo. Si nunca han practicado el autoerotismo, su cuerpo no conoce la receta para gozar. Por lo que necesitan tiempo para conseguir llegar al orgasmo.

En algunos casos podríamos considerar que la masturbación es mala.

Puede ser verdad. Si se practica con culpa, vergüenza, miedo y sentimientos negativos; si alguien se masturba durante todo el día, olvidándose de trabajar o cocinar, puede resultar contraproducente a nivel emocional; del mismo modo, si no hay intimidad con una pareja porque "sola estoy mejor", la masturbación puede convertirse en un paliativo para no relacionarse con otros seres humanos.

MASTURBACIÓN MUTUA

La masturbación mutua es una buena manera de preparar el camino hacia el coito, o continuar hacia el camino del coito completo, cuando éste resulta difícil, ya sea por enfermedad, por encontrarse en la última etapa del embarazo o bien porque a uno de los dos no le apetece sexo con penetración. Gracias a las manos, se pueden realizar movimientos de gran precisión que harán que los dos disfruten de las mejores sensaciones juntos.

Incontables mujeres han enseñado a sus hombres, a través de la masturbación mutua, cómo les gusta ser estimuladas, en dónde tocar, a qué velocidad y a qué ritmo. Y, a su vez, algunos hombres instruyen a sus mujeres a estimularlos como ellos lo desean.

Por cierto, un alto número de hombres menciona que una de sus fantasías sexuales recurrentes es ver a su pareja masturbándose.

Y LA SALUD, ¿QUÉ DICE AL RESPECTO?

La Organización Mundial de la Salud (OMS) y los terapeutas sexuales recomendamos la masturbación. Se sabe que una vagina sana es una vagina que está en movimiento. Como cualquier musculatura, si no se ejercita se entume, se debilita. Se sabe que una vagina que se lubrica de forma natural con la excitación y el orgasmo es una vagina sana que no se resecará ni producirá comezón.

LA MASTURBACIÓN HASTA EL ORGASMO...

Sirve como forma de relajar el cuerpo cuando una mujer tiene dolores menstruales, para relajar el cuerpo cuando esté bajo mucha tensión, para disminuir una jaqueca o migraña, para tratar de conciliar el sueño, para lubricar y mantener fuerte y sana la vagina.

Si deseas investigar o leer algunas técnicas y experiencias de mujeres con respecto a la masturbación, el libro *El informe Hite*, estudio de la sexualidad femenina, de la autora Shere Hite, puede ayudarte.

¿Te has masturbado? ¿Lo disfrutas? ¿Sientes lo mismo durante la masturbación cuando estás a solas que cuando estás acompañada? ¿Te incomoda el tema? ¿Jamás lo intentarías?

4 El juego

El hombre necesita de 3 a 5 minutos para llegar al orgasmo, las mujeres de 10 a 20 minutos. Esta diferencia hace que el juego previo sea tan importante para ella.

Cuando hablamos de juego previo nos referimos a una mirada sugerente, un beso, una caricia, masturbación, sexo oral. Todo aquello que nos excita.

La calidad del orgasmo está relacionada con la calidad del juego previo; mientras más excitación, mejor orgasmo.

Los hombres tienen que aprender más sobre este tema y las que les vamos a enseñar, somos nosotras.

Es muy importante tratar de disfrutar no sólo al recibir sino también al dar.

El vínculo emocional y la intimidad que se crea con las caricias son factores que enriquecen enormemente el encuentro.

El juego presexual no es un lujo, es la llave que abre el placer para la mujer. La mejor forma de enseñarle a él cómo hacerlo es mostrándole el camino.

UN PASEO POR SU CUERPO:

- Explora cada centímetro, busca las zonas donde él diga que siente mayor placer.
- Acaricia lo que quieras (evita tocar genitales, ya sabemos que son excitantes) con una brocha, una pañoleta, un collar de perlas,

un cubito de hielo, una pluma, o puedes utilizar una parte de tu cuerpo, como los pezones de tus senos, para acariciarlo.

- Besa cada pliegue de su cuerpo, usa tu boca como un buscador de placer.
- Tápale los ojos. Al bloquear un sentido, los demás se intensifican.
- Átalo, toma el control y sólo permítele moverse cuando no aguante más.
- Descubre zonas erógenas, éstas son zonas que, al ser estimuladas, proporcionan mucho placer. Estas zonas son personales y van cambiando a lo largo de la vida.

Si deseamos conocer las zonas más placenteras de nuestra pareja haremos el siguiente ejercicio:

Tiende a tu pareja desnudo sobre la cama, prepara un kit de artículos para estimularlo, véndale los ojos y acarícialo de pies a cabeza, ve observando su reacción ante las caricias que le sean placenteras y descubre los lugares más importantes de su excitación.

Es muy importante conocer a la pareja; hay hombres y mujeres a los que nos les gusta que les chupen nada, no les gusta la sensación mojada; otros, que aseguran que las caricias, en lugar de excitarlos, los hacen reír; otros que se desesperan. No se puede imponer nada.

COMENCEMOS

Las caricias en el cuero cabelludo son sumamente relajantes, utiliza la yema de tus dedos para brindarle un masaje circular, acaricia la nuca y la frente con suavidad, puedes besar los ojos, las mejillas, el mentón. Usa tus dedos para acariciar sus labios mientras lo vas besando, despacito; besa cada labio por separado, puedes mordisquear suavemente. (No succiones ni dejes mucha saliva, lávate los dientes antes de estas caricias.)
Baja por el cuello; en la nuca existen cientos de terminaciones nerviosas, puedes soplar suavemente y dar pequeños besos. Las terminaciones nerviosas abundan en el área que rodea la oreja, lo que convierte a este lugar en una zona ultrasensible al tacto y a las caricias.

Los dedos, labios y lengua son excelentes armas para explorar el lóbulo y la zona posterior de la oreja.

El escuchar tu respiración jadeante, sin exagerar, y pequeños murmullos de placer será excitante para él (no introduzcas tu lengua dentro del oído). Puedes mordisquear suavemente.

Cubre por completo el área del cuello con besos pequeños y lamidos discretos (no marques chupetones, no es elegante, a menos que él te lo pida). Mientras besas el cuello de tu compañero, utiliza tus dedos para acariciar su pelo, las orejas y otras zonas.

Baja tu mano abierta por el pecho; cuidado si hay uñas muy largas. Puedes detenerte en sus pezones, acariciar, besar y mordisquear delicadamente. (Hay hombres a los que no les gusta que les estimulen los pezones.)

Pasa tus manos por sus brazos, el interior del codo esta formado por una piel muy delgada que contiene varias terminaciones nerviosas. Muchos hombres hablan de tener hipersensibilidad en la palma de la mano y entre los dedos. Puedes colocarte sus dedos en la boca y simular sexo oral.

Baja lentamente por el abdomen. Dibuja una línea vertical desde el ombligo hasta el pubis con tu lengua, tus dedos y labios. Haz otra línea pero ahora horizontal, de cadera a cadera, y recórrela con besos, con la yema de tus dedos y con tus uñas de forma sutil, sin causar molestias. Acompaña tus estímulos en el abdomen con succiones y ligeros mordisqueos.

A los lados de la columna vertebral se encuentran importantes receptores sensitivos, lo que la convierte en una de las zonas erógenas masculinas más especiales; utiliza cremas y aceites aromatizados y procura que tus manos sean tersas al tacto. Deja que tus dedos tracen diversas formas en la espalda de tu pareja, haz que los movimientos sean lentos y un poco coordinados entre ambas manos.

Recorre el camino de la columna con la punta de tu lengua. A nivel del sacro, en la parte baja de la espalda, existe una zona mucho más sensible y erógena que en el resto de la espalda, no dudes en usar tus manos, así como lamidas y besos para estimular esta zona. Combina tus caricias orales con mimos manuales en otra zona de la espalda.

Dentro de las piernas se esconde una increíble sensibilidad a los estímulos externos. Besa la parte interior de sus muslos, acompaña tus besos con caricias de las manos. La ingle es la antesala al pene; estimula suavemente esta área con pequeños besos y con las uñas.

Las nalgas contienen muchos receptores nerviosos que pueden ser estimulados con facilidad. Un hombre ya excitado puede volverse loco de pasión ante las caricias en su trasero.

Un hombre puede llegar a disfrutar de gran excitación por medio de la estimulación anal. El ano tiene una gran cantidad de terminaciones sensitivas, lo que la hace una de las zonas erógenas más sensitivas del cuerpo humano. Los estímulos apropiados en esta zona pueden elevar, por mucho, el placer y el disfrute sexual masculino.

Acaricia suavemente el perineo de tu pareja, es decir, la región entre el escroto y el esfínter anal. Como ya comentamos anteriormente, algunos hombres no se sienten cómodos con las caricias en el ano, si no le gusta, no le gusta y te detienes.

El pene, como antes dijimos, es la zona de mayor predilección; si realmente quieres volverlo loco, aprende a quererlo, a disfrutarlo, a acariciarlo. La punta del pene es la zona más sensible del cuerpo masculino, estimúlala con suavidad. Usa tu lengua para besar y lamer la cabeza del pene de tu compañero mientras con una mano acaricias el resto del falo y con la otra mano tocas sus muslos, testículos y abdomen.

A los hombres adolescentes les encanta ponerle nombre a su pene: Pancho, Pedro, Ramiro, etcétera. Si conoces el nombre del suyo, puedes aprovecharlo; así, el día que quieras que venga pronto por ti, envía un mensaje en su celular diciéndole: "Un beso a Pancho". De seguro, correrá a casa.

Al estimular el pene no te olvides de prestarle atención también a los testículos, éstos son muy sensibles y disfrutan de la estimulación con delicadeza. Puedes hacer pequeños pellizquitos sobre el escroto, masajearlos con las manos y realizar movimientos del escroto, como si estuvieras ordeñando la ubre de una vaca.

En fin, experimenta, juega, diviértete explorando y dando placer.

Puedes utilizar un collar de perlas para acariciar su pene y jugar con él, enrollándolo, bajando y subiendo las perlas, envolviendo los testículos, dejándolas caer sobre el ano, la idea es que la experiencia sea muy excitante. Al otro día, te pones ese collar. ¿Sabes qué le va a pasar cada vez que mire las perlas?, se acordará dónde estaban el día de ayer. Si no se acuerda, y están en público, de forma sutil, al oído, recuérdaselo.

¿Qué ideas nuevas se te ocurren para excitarlo? ¿Cómo le ense-
ñarás qué es lo te gusta y qué no? ¿Qué se te antoja que te haga? ¿Qué
se te antoja hacerle?

Cuando hablamos de zonas erógenas es delicado generalizar.
En una clase mencioné que el lóbulo de la oreja era una zona erógena
y un caballero comentó que la primera vez que tuvo una relación sexual
con una prostituta ella le chupó el lóbulo, tanto que casi se lo arranca; a
partir de aquella experiencia odia esa caricia. Cada persona, en base
a su experiencia personal, experimenta diferentes niveles de placer y
displacer en cada zona de su cuerpo.

5 Sexo oral

El sexo oral es uno de los juegos eróticos más comunes de la historia, es la caricia que se da a los genitales con la boca; puede culminar en el orgasmo o ser una forma de caricia previa a la penetración.

Al sexo oral realizado al hombre se le llama felación. Y a una mujer, cunnilingus. Nadie parece cansarse de recibirlo. La lengua es más suave, más ágil y más húmeda que la mano.

En un estudio, realizado por el Instituto Kinsey a 7,000 hombres, se les preguntó: "¿Qué es lo que hace una amante perfecta?". Contestaron: "Una mujer que ame realizar un buen sexo oral". Según este informe, la mayoría de los hombres hablan de preferir buen sexo oral a la penetración.

PARA ELLA

Muchas mujeres rechazan la idea de recibir sexo oral porque sienten que la vagina tiene un olor poco agradable. La vagina huele a vagina, y tenemos que acostumbrarnos a ese olor, a aceptar ese olor. Es el olor de la excitación, del deseo.

Si hay un olor desagradable puede ser a causa de una infección no detectada, mala higiene, la menstruación o un tampón olvidado. Cuando una mujer se excita emana un olor particular que, para muchos, es sumamente incitante. (Pregúntaselo directamente.)

Las duchas vaginales son poco recomendables, ya que logran introducir microorganismos al interior. Ciertos polvos y sustancias pueden causar irritación o reacciones alérgicas, eliminan la lubricación natural de la vagina y pueden cambiar la acidez natural, eliminando bacterias que son benéficas, así como la mucosidad que la protege contra la penetración de elementos extraños. Yo te sugiero no utilizar estas duchas, una buena higiene es suficiente. Y, por último, te recomiendo aprender a amar tu cuerpo y a encontrar erotismo en él.

Si él desea darte sexo oral, déjalo. Si tú deseas que él te haga sexo oral, pídelo.

Muchas mujeres reportan haber tenido los orgasmos más excitantes por medio del sexo oral.

Un comentario masculino:

> Sería mejor para nosotros, como hombres, tener una pareja que ame su cuerpo y sus genitales, que una que sufre con ellos. Entiendan, mujeres, que nosotros no tenemos problema alguno con practicarles el sexo oral, al contrario, es sumamente placentero cuando ustedes pueden disfrutarlo, cuando saben que su vagina es sexy y divertida.

Ojo, si no conoces bien a tu pareja o tienes relaciones con diferentes parejas, es indispensable el uso del condón para practicar sexo oral.

¿QUÉ ES LO QUE LOS HOMBRES QUIEREN EN REALIDAD?

Como hemos dicho, es importante que nadie haga algo que no le guste o que vaya en contra de sus valores y creencias; pero también sabemos que podemos aprender a disfrutar de aquello que nuestra pareja desea.

Si tu pareja te pide sexo oral y tú deseas intentarlo, a pesar de nunca antes haberlo hecho, debes comenzar poco a poco. Si el sabor del pene te desagrada, intenta utilizar un condón de sabor.

MUCHAS MUJERES RECHAZAN AL SEXO ORAL. ¿POR QUÉ?

Algunas mencionan que el pene podría no estar limpio, que huele mal, o que les preocupa la higiene. Si tú eres una de las que comparten esta opinión, te sugiero que limpies el área previa a la estimulación. Puedes pedirle que se lave el pene antes del acto.

Otras mencionan el miedo de que él pudiera eyacular dentro de su boca, ya sea por asco, porque piensan que se pueden atragantar, o que al tragar el semen, les va a caer mal en el estómago. Es importante aclarar que, si tu pareja eyaculara en tu boca y tú así lo deseas, no hay problema alguno (siempre y cuando él esté sano). No te embarazas, no te infectas, no bajas ni subes de peso, no sirve como tratamiento facial (si él trata de convencerte de que sus espermatozoides son una crema natural antienvejecimiento, toma una cuchara, deposita ahí el semen y dile que hoy él será el beneficiario de un tratamiento facial; a ver si acepta). Hay mujeres a las que les fascina tragar la eyaculación y a otras les produce un asco infinito.

Hay varias formas de afrontar el miedo y la pena ante esta situación. Una de ellas, la más sencilla y eficaz, es decirle: "Voy a darte el sexo oral que te llevará al cielo, pero no quiero que eyacules en mi boca, por favor avísame un poco antes para retirarme". No habrá hombre sobre la tierra que no se sienta inmensamente feliz al escuchar estas palabras. Ahora, bien: ¿te sientes apenada al escuchar esto? Recuerda que éstas son mis palabras, tú podrás buscar las tuyas. ¿Está claro? Él podrá avisarte una vez que la eyaculación esté cerca, para que te retires.

Para que el sexo oral sea plenamente satisfactorio algunos hombres han mencionado lo siguiente:

Más que cualquier técnica, lo que importa es su actitud. Una mujer que se tape las narices como si se fuera a echar un clavado al agua o como si estuviera ante un medicamento que sabe feo, lo que provocará es que no lo disfrutemos o que tardemos horas en llegar al orgasmo.

Si realmente quieres aprender a disfrutar del sexo oral tienes que comenzar por aprender a amar al pene. Recuerda que, como la fuerza de Sansón residía en su cabellera, para el hombre su ego está centrado en el pene, es su pequeño "yo". Si algún día tienes algo que decir sobre él tendrá que ser algo bueno, bonito y amable. Jamás le digas: "¡Ay, qué feo!", siempre debe ser la cosa más maravillosa del mundo.

Para comenzar, no lo introduzcas todo en tu boca de sopetón sino que, poco a poco, dale caricias con los labios, besos pequeños en el glande, familiarízate con la textura, con las sensaciones, con los olores.

Tienes que sentirte cómoda al dar sexo oral, comienza paso a paso, mientras adquieres confianza. Tu posición al hacerlo debe ser cómoda, si él está acostado boca arriba puedes colocarte entre sus piernas, en cuclillas o sentada, si él está parado puedes hincarte en el suelo o sentarte en una silla frente a él.

Si deseas estimularlo adecuadamente, además de la boca utiliza una mano para masturbarlo y la otra para jugar con sus testículos.

ALGUNAS IDEAS...

Colocar una pastilla u oblea de menta en tu boca puede hacer la experiencia más agradable para ambos, a ti te proporcionará una sensación de frescura y rico sabor y a él —cada vez que tu boca deje de tener contacto con el cuerpo de su pene le soplarás suavemente—, le provocarás una sensación muy agradable. (Gracias por el consejo Monica Lewinsky.)

Unta con una brocha chocolate derretido, cajeta, mermelada o crema chantilly, después barniza su miembro y comienza a retirar el dulce, suavemente y mostrándole tu lengua. La experiencia se disfrutará apenas le menciones tu idea. Disfruta mientras lo haces, gime o murmura expresando tu placer, eso es muy excitante, y si puedes tener contacto visual mientras lo practicas, será una delicia; se duplica el placer. Aunque hay hombres que se inhiben cuando una mujer les hace la felación y los mira a los ojos. Como en todo aprendizaje, tú te darás cuenta de si le gusta o no.

Para estimular las zonas de placer te recomiendo que con una mano tomes el pene y lo masturbes de arriba hacia abajo, mientras con tu lengua y boca acaricias el glande y frenillo. Con la otra mano masajea los testículos y con el dedo índice de esa misma mano estimula el Punto P, todo al mismo tiempo. Mientras realizas el sexo oral, coloca un vibrador sobre sus testículos, puedes también estimular su Punto P frotando el perineo con firmeza.

Sorpréndelo de madrugada, colocando su pene flácido en tu boca dispuesta a realizarle el sexo oral. Para algunas mujeres es mágico ver como crece dentro de su boca, él se sorprenderá gratamente.

Practica el aleteo de tu lengua sobre el frenillo. La zona entre el glande y el cuerpo del pene. Es uno de los famosos consejos de la revista *Playboy*.

Forma una O con los labios, colócalos cuidadosamente en la punta de su miembro y mueve la cabeza en círculos diminutos.

Permite que su miembro penetre en tu boca tan profundamente como te sea posible (sin ahogarte, mujer), presionándolo y chupándolo. Existen diversas técnicas para lograr que el pene penetre cada vez más dentro de la garganta, sin lastimarla, por supuesto. No le soples nunca dentro en el pene, ya que puedes ocasionar una infección.

Coloca tus labios ajustados al tronco del pene y recórrelo, primero hacia un lado y después hacia el otro.

Pregúntale cómo le gusta que le hagan la felación, que él te enseñe. ¿Quién mejor que él, que está recibiendo el estímulo? Que te enseñe a tomarlo, que te diga qué le gusta y qué no. Nosotras no somos adivinas y lo que aprendimos hace algunos años puede ser que ya no funcione.

PARA HACERLO BIEN:

- Aprende a disfrutarlo.
- No utilices siempre la misma postura, tienes que estar cómoda.
- Míralo a los ojos mientras lo practicas, lo excitará al doble.
- No te concentres sólo en el pene, acaricia más zonas del área.
- Utiliza tus manos.
- Decide, previamente, si dejarás que eyacule dentro de tu boca.
- Si quieres que llegue pronto al orgasmo, estimula testículos y/o Punto P. Recuerda que frotar el perineo hace desfallecer de placer a la mayoría de los hombres.
- No muerdas, no seas brusca, no actúes como si no quisieras hacerlo.

¿Te gusta dar sexo oral? ¿Crees que lo puedes intentar? ¿Disfrutar? ¿Aprendiste algo nuevo? ¿Puedes ponerlo en práctica?

Isabel, contadora, se me acercó un día para preguntarme cómo podía hacerle para aprender a amar el sexo oral. Le di un sinfín de consejos y se fue. Dentro de los consejos que le di, estaba lo siguiente: podía untar sobre el cuerpo del pene algo que le gustara y retirarlo delicadamente con la lengua, y así relacionaría algo que le gusta con algo que no le gusta. Después de una semana regresó y me dijo: "¿qué crees?, lo hice, le puse cajeta y la retiré con mi boca; a partir de entonces me da asco la cajeta". No todos los consejos funcionan ni con todos se logran los objetivos.

6 La primera vez

La primera vez que se tienen relaciones sexuales es un acontecimiento muy importante y debido a esto suele generar miedos e inseguridades. Si la experiencia es buena, tu acercamiento al sexo será positivo, confiarás en tu pareja y verás con buenos ojos el sexo. Si la primera vez es dolorosa, negativa e insegura, lo verás como pesadilla.

Muchas mujeres me preguntan: "¿Cuándo estoy lista para tener sexo por primera vez? ¿Cómo sé que es el momento indicado?". Es la pregunta más difícil y complicada.

Cuando lo deseas, cuando lo amas, cuando estás bien informada de los métodos anticonceptivos, cuando confíes plenamente en él, cuando conozcas tu cuerpo, cuando te sientas segura, cuando no sea bajo presión, cuando sea un decisión personal... (Si te dice "o lo hacemos o te dejo"; "pues, mi rey, la puerta está abierta, largo de aquí inmediatamente.")

Lo ideal sería que este acontecimiento lo compartas con el ser amado y que estés totalmente decidida y segura del paso que vas a dar.

Si tu novio desconoce que eres virgen, díselo, no tengas vergüenza, porque no hay nada malo en ello. Al contrario, para muchos hombres la virginidad es un gran aliciente.

Baja a cero las expectativas; generalmente, la primera relación sexual no es la mejor de tu vida.

CONSEJOS PARA QUE LA PRIMER RELACIÓN SEXUAL SEA LO MÁS PLACENTERA POSIBLE

- El lugar donde se amarán debe ser seguro, tranquilo y muy íntimo. Hagan el amor sin miedo, sin prisa.

- Los besos, caricias y abrazos no deben faltar, pídele a tu chico que sea tierno contigo y sé tú misma una dulzura con él.
- Antes de la penetración prueben diferentes formas de obtener placer, conocerse bien a fondo y sentirse a gusto es importantísimo. En la intimidad: acariciarse, besarse, recorrer los cuerpos.
- Los juegos previos te ayudarán a relajarte y harán que tu vagina se dilate y lubrique. Si no te excitas, es normal, los nervios y la angustia pueden traicionarte. Un traguito de licor puede ayudar a relajarte (ojo: no dije emborracharte).
- Relájate, déjate llevar por las sensaciones y el placer, trata de aflojar los músculos vaginales, eso facilitará la penetración y no sentirás dolor.
- Recuerda que hay muchas primeras veces hasta llegar a la penetración completa; ten paciencia, no todas las mujeres tienen los mismos tiempos.
- Abundante lubricación (compra cualquier lubricante vaginal soluble en agua, como el K-Y de Johnson y Johnson, en la farmacia) en todo el pene y la vagina, si no hay lubricante se puede usar la saliva.
- En la primera vez también debes cuidarte con anticonceptivos orales y/o métodos de barrera, ya que no es cierta la creencia popular de que no puedes quedar embarazada durante tu primera relación sexual. Sí puede haber embarazo la primera vez. También puede haber contagio de enfermedades de transmisión sexual.

Algunas mujeres me preguntan si es cierto que se nota en la forma de caminar o en la cara que has perdido tu virginidad; te repito que eso no es cierto.

Cuando se produce la penetración, el pene rompe el himen de la mujer, éste es una pequeña membrana situada entre el cuello de la vagina y el útero, algunas veces puede doler o sangrar y otras no, ello dependerá de diversos factores.

Hay mujeres que nacen sin himen, otras que lo tienen perforado debido a una lesión accidental, y algunas que cuentan con un himen muy elástico, por lo tanto, el sangrado y dolor que caracterizan la primera vez no se presentan y esa membrana no se romperá sino después de reiterados encuentros sexuales.

Pero el temor que afecta a la mayoría de las jóvenes es la posibilidad de experimentar dolor durante su primera relación sexual.

Es importante orinar después de una relación sexual para evitar bacterias.

Si no usaste preservativo es elemental que sepas que todo lo que entra, sale, por lo que hay que tener a la mano lo necesario para limpiarse la vagina al final de la relación. Pañuelos desechables o toallitas húmedas. Una vez que el pene sale se escurre un poco de semén. Eso sucederá siempre. Esas escenas de las películas donde la pareja se queda abrazada al final y se duermen son bastante idílicas, pero no suceden siempre, a veces es todo lo contrario, ello depende del amor que se profese la pareja. Tampoco tienes que correr al baño apenas él saque su pene, pero una buena higiene ayudará.

SI ES LA PRIMERA VEZ...

- Puede no lograrse la erección, es normal, relájense.
- Puede no entrar todo el pene, es normal.
- Puede haber eyaculación precoz, es normal, son los nervios y la falta de experiencia.
- Puede haber eyaculación retardada, que nunca termine, es normal.
- Puede no ser dolorosa, no sangrar y no tener orgasmo, es normal.
- Puede ser dolorosa. Puede ser maravillosa, son normales las dos.

Una pareja apareció en mi consultorio. Llevaban seis meses casados y nunca habían tenido una relación sexual sin dolor. Eran muy religiosos y ésta era la primera serie de experiencias sexuales para ambos. Al narrar el dolor, la mujer me dijo que aún sufría de sangrado durante la penetración y que no sentía placer, como muchas de sus amigas. Algo no me sonó lógico cuando me dijo que sus hemorroides habían crecido desde las primeras penetraciones, y al preguntarle qué tenía que ver, me di cuenta de que llevaban seis meses teniendo relaciones sexuales exclusivamente por el ano. Créeme que me dio un vuelco el estómago. Les mostré la imagen de una vulva y les expliqué por dónde lo estaban haciendo y por dónde era lo natural; sus caras de sorpresa me dijeron que realmente no sabían que se habían equivocado de orificio. La ignorancia de sus propios cuerpos los llevo a esto.

¿Cómo te fue en tu primera vez? ¿Qué hubieras hecho diferente con la información que tienes ahora?

7 A rocanrolear: el coito

Los hombres generalmente tienen mucha prisa por penetrar, si no los frenamos y dedicamos más tiempo al juego previo, las relaciones terminan en un par de minutos. La ansiedad y el desborde de excitación hacen que ellos quieran penetrar ya. Si la mujer es penetrada muy rápido, lo que sucederá será que no habrá suficiente lubricación o se tardará mucho en llegar al orgasmo.

Recuerda que mientras más se prolongue la excitación, mejor será la calidad del orgasmo en ambos.

Existen más de 5,000 posturas sexuales documentadas, algunas para parejas muy flexibles, otras menos complicadas, pero realmente cinco son las principales.

No existe postura ideal, eso dependerá de cada pareja en función del tamaño del pene, de la localización del Punto G y de la estimulación o la calidad de fricción.

La mayoría de los hombres tienen orgasmos en cualquier posición, las mujeres no. Hay posiciones que harán que el hombre eyacule más pronto que en otras. La mayoría de las mujeres tienen orgasmos con la estimulación del clítoris, además de la penetración, por lo que la posición sí es importante, de tal manera que permita acariciar el clítoris.

Platiquen, busquen, experimenten y encuentren sus posiciones sexuales favoritas.

Utiliza todo tu cuerpo cuando seas penetrada, tus manos pueden acariciar nuca, pelo, espalda, nalgas y, a veces, dependiendo de la posición, estimular testículos o tu propio clítoris.

POSICIÓN DE MISIONERO

Ella acostada boca arriba y él sobre ella, boca abajo.

Es la posición que los primeros misioneros enviados a civilizar las colonias consideraban como la única postura digna para hacer el amor. De ahí su nombre.

Es la posición más común, en la que menos trabajo tiene que hacer ella y la más cómoda. Cuando hay sobrepeso es la más recomendada, debido a que el vientre se hace plano; además, tiene la ventaja de que puedes besar a tu pareja y ver cómo y cuánto crece su placer, ya que están frente a frente. Ella puede moverse poco y eso a muchas les molesta.

Si deseas que la penetración sea más profunda, flexiona las rodillas; si deseas más estimulación en el clítoris, una vez que el pene esté dentro, él debe abrir sus piernas y tú las cierras por completo, apretando los muslos (generalmente ellos eyaculan muy rápido por tanta fricción).

Si deseas más estimulación, coloca una almohada debajo de tu cadera.

Si el es eyaculador precoz, en esta posición puede detenerse cuando lo desee y tratar de relajarse. Aunque no es la ideal para ese tipo de hombres, pues supone muchos movimientos pélvicos, lo cual acelera el proceso de eyaculación.

Si se está tardando en eyacular, puedes hacer con tus dedos pulgar e índice un anillo y tomar la base del pene, esto le ayudará y le dará mas placer.

En esta posición no es tan fácil la estimulación del clítoris.

¿Qué ayuda? Coloca una almohada debajo de tu cóccix. Flexiona las rodillas o eleva las piernas descansándolas en sus hombros.

LA MUJER ENCIMA

El poder en las relaciones sexuales hace que esta posición sea una de las favoritas de muchas mujeres. Ya que al estar ellas arriba, sienten que dominan el acto sexual.

La mujer se sienta sobre el pene, puedes también sentarte en cuclillas. La penetración es más profunda. Aquí, la clave es que al hacer el movimiento no lo hagas de arriba hacia abajo, sino ligeramente inclinada hacia tu hombre, de tal forma que el clítoris roce el pene y pubis de él. Aquí eres tú quien toma el control, ritmo y profundidad de la penetración.

Hay mujeres que dicen que, a veces, la penetración es tan profunda que sienten que les duele, como si tocaran el pene con los ovarios. Si el pene es muy grande, o te sientes sensible por estar ovulando, puede molestar, en ese caso tú determina la profundidad de la penetración.

Un aspecto de esta posición que los vuelve locos es que pueden observarte, ver como se bambolean los senos y tus gestos de placer.

Él relaja la responsabilidad y sabe que tú eres la directora de la orquesta. Ver cómo entra y sale el pene de la vagina es sumamente excitante. Además, él puede acariciar y chupar libremente tus senos, sobar tus nalgas y piernas, besarte, en fin, para ellos es un deleite sensorial en el que interviene todo el cuerpo.

En esta posición el acceso manual que él tiene hacia tu clítoris es perfecto, además de todas las caricias, pídele que estimule tu clítoris.

Si deseas una variación y te gusta la estimulación del Punto G, inclina tu espalda hacia atrás, recuéstate sobre sus pies (se requiere de un poco de flexibilidad).

Puedes sentarte sobre su pene de espaldas a él. Y tú estimular tu clítoris. (Para eyaculadores precoces esta posición es la más recomendada, pues se siente poca fricción y no hay movimientos pélvicos del hombre.)

DE "PERRITO" O POR DETRÁS

¿Por qué les encanta esta posición? Es la favorita de muchos hombres.

El motivo: Por la dimensión en la que pueden ver a la mujer, porque pueden contemplar cómo entra y sale el pene, y también admirar la vagina, adorar su forma, detalle que los llena de excitación por animal y primitiva, por una cuestión de poder, porque al no ver la cara de su mujer pueden fantasear, por la penetración profunda y porque tienen las dos manos para acariciar lo que deseen. Nunca olvides, amiga, que los hombres son visuales, aquello que ven puede hacerlos delirar de placer.

Si tu hombre es eyaculador precoz ni lo intentes, a menos que quieras un rapidito.

Para nosotras, el placer se centra en la penetración profunda, en la sangre acumulada en pezones al mecimiento de lo senos, lo que los vuelve muy sensibles.

En esta posición, la estimulación del Punto G es inmediata porque el pene cae sobre la pared vaginal interna, pero pueden mejorarla si ella o él acaricia el clítoris mientras penetra.

Si deseas una estimulación intensa para ambos, acuéstate totalmente estirada, boca abajo, con las piernas abiertas y que él te penetre por detrás.

Si hay dolor o molestia en esta posición se recomienda que en el momento en que va a penetrarte, eleves una rodilla, eso hará que la vagina se abra y permita que el pene se deslice. Puedes colocar una almohada bajo cada rodilla para elevar la cadera y que la penetración sea menos profunda.

Si él está sentado en una silla puedes pararte de espaldas e introducirte su pene en la vagina, esta posición es muy cómoda y visualmente enloquecedora para él.

En esta posición, algunas mujeres han reportado sonidos vaginales extraños. Al entrar y salir el pene de la vagina se introduce aire y junto con la lubricación se genera un sonido incómodo, parecido al de un gas. Ríanse de ello. Sobre todo tú, no te pongas nerviosa ni sientas pena. No tiene nada de malo.

DE COSTADO O DE LADO

Posición ideal para las que padecen de sobrepeso, embarazo, o esos días más suaves y tranquilos. El ideal se llama "cuchara", se le llama así porque, una vez que los cuerpos se han unido, parecen dos cucharas acopladas. Ella se acuesta de lado y él se acuesta detrás de ella y comienza a introducir su pene, ella levanta una pierna para lograr la penetración.

Él tiene perfecto acceso a su clítoris y puede acariciarle todo el cuerpo.

Como la penetración no es tan profunda es perfecta para eyaculadores precoces. Aunque tiene la desventaja de que, al poder acariciar todo el cuerpo, sobre todo senos y cuello, la excitación crece sobremanera.

Pueden dejar un espacio entre sus espaldas y hacer con las piernas una tijera, eso les permite mayor movimiento y retardará la eyaculación de él.

SEXO ANAL

La penetración en ano es una variedad de placer que muchos buscan desde el principio de los tiempos.

Al parecer, las mujeres que actúan en las películas pornográficas en las que hay penetración anal, lo disfrutan al máximo. No pasa lo mismo en la vida real. Algunas mujeres temen hacerlo, ya sea porque les duele o por temor a ensuciarse. A los hombres les encanta, ya que el orificio está más cerrado y hay mayor presión sobre el pene.

Si tu pareja te lo pide o tú deseas intentarlo toma en cuenta lo siguiente:

- Evacúa antes de la penetración.
- Lubrica bien el pene y la entrada del ano.
- Es indispensable practicarlo siempre con condón.
- Es recomendable que, una vez que el pene ha penetrado el ano, no penetre después la vagina, pues esto puede causar infecciones.
- Antes de que tu pareja te penetre el ano con su pene, pídele que introduzca la puntita de un dedo y lo haga girar.
- El pene no debe entrar a la fuerza en la cavidad anal, eso lo desagarraría y ocasionaría mucho dolor. Debe ser poco a poco, con tu propio movimiento.
- Tú decides hasta dónde entra y cuándo se detiene; probablemente, al principio no entre todo.
- No existe orgasmo anal, pero puedes pedir a tu pareja que te estimule el clítoris mientras te penetra y así camuflar el dolor.
- Hay mujeres que detestan el sexo anal y mujeres a las que les encanta. Experimenta y aprende qué es lo que te gusta.
- Si lo intentas y no te gusta o te duele y no quieres volver a hacerlo y él insiste te doy un consejo: ve al mercado, compra un pepino y guárdalo en la recámara; cuando él te pida hacerlo, le dirás: "hoy yo te penetro a ti y tu mañana a mí", a ver qué te dice. Sus terminaciones nerviosas son igual que las tuyas, si a él le duele o no le gusta, a ti tampoco.
- El sexo anal no es malo. Si te gusta, practícalo libremente.
- Existen mujeres que lo disfrutan mucho, al igual que hombres
- Recuerda que solo tú decides qué quieres o no hacer sexualmente.

EL RAPIDITO

Se calcula que la mujer tarda desde la primera caricia hasta el orgasmo, alrededor de 10 minutos. Hay mujeres que lo logran a los 5, mujeres que tardan media hora y mujeres que tienen un orgasmo segundos después de ser penetradas. Cada mujer es diferente. ¿De qué depende?

De la calidad de las caricias previas, de la efectividad de la fricción, de la experiencia, de lo excitada que se sienta, de lo concentrada que esté, de las fantasías en las que piense, de las ganas y de la energía que tenga y, también, de factores genéticos y desajustes hormonales. Hay puntos G que se sienten de inmediato y otros que son imposibles de encontrar. El estado mental también influye mucho.

Después de decir qué necesitaba una mujer para llegar a su orgasmo, un joven universitario, en una conferencia, me dijo:

Tengo que llamarla en el día para decirle que la amo, darle flores, seducirla, acariciarla y hacerle el amor. Para cuando llegamos a la penetración yo ya estoy agotado, ¿no hay un camino más corto?.

Muchas mujeres odian el rapidito, precisamente por rápido. El rapidito es una relación sexual muy breve, tanto que a la mujer casi no le da tiempo de tener un orgasmo. Aunque el del hombre está asegurado.

No los vamos a mal acostumbrar con puros rapiditos, pero de vez en cuando los podemos hacer felices con uno de éstos. Si tú eres de esas mujeres que desfallecen cuando ven gozar a su hombre, éste será un gran regalo para él.

¿Cuál es tu posición preferida?; ¿estarías dispuesta a probar una posición nueva?; ¿cuál?

8 El orgasmo de él y de ella

Todos buscamos el placer sexual, el orgasmo como la culminación de un acto de amor o de gozo. Una meta anhelada y no siempre lograda que causa en algunos, frustración y, en otros, inmenso regocijo.

El secreto para obtener mayor placer durante una relación sexual es conocer lo que ocurre en nuestro cuerpo, al igual que en el de nuestra pareja. Atrévete a explorarlo.

¿QUÉ ES EL ORGASMO?

Según los doctores Masters y Johnson, es un breve episodio de liberación física del aumento de la tensión muscular, la congestión sanguínea pélvica, la sensación corporal de excitación y la percepción subjetiva de este clímax. Esta liberación energética se manifiesta por medio de descargas musculares rítmicas a nivel genital. Estas contracciones son muy placenteras para hombres y mujeres ya que producen relajación y bienestar.

Entonces, un orgasmo es el clímax del placer, la culminación de la tensión y la liberación de la energía.

La respuesta sexual femenina se describe en cuatro fases que se experimentan durante el acto sexual, la masturbación o el coito. Estas son: excitación, meseta, orgasmo y resolución. Es importante mencionar que estas fases no tienen un marcado inicio o final, sino que se manifiestan como un proceso continuo durante la respuesta sexual.

Excitación

Puede durar sólo unos minutos o varias horas después de iniciada la estimulación erótica. Por lo general, esta fase se inicia de 10 a 30 segundos después de haberse iniciado la estimulación (besos , caricias). Físicamente, la mujer experimenta la lubricación, expansión y crecimiento de la vagina, el hinchamiento de los labios mayores y menores de la vagina, clítoris y senos. Además, hay un aceleramiento de los latidos del corazón, de la presión arterial y de la respiración.

Meseta

Los cambios experimentados en la etapa de excitación se acentúan. Los labios vaginales se engrosan y cambian levemente de color, además, las paredes vaginales se llenan de sangre y el orificio crece. El clítoris se llena de sangre y se vuelve erecto. Los latidos del corazón y el pulso continúan acelerándose. Los músculos de los muslos, caderas, manos y nalgas se tensan. Puede darse un enrojecimiento de la piel que, por lo general, ocurre en el estómago, pechos, hombros o cara.

Orgasmo

Es la etapa clímax del ciclo, y es, generalmente, la etapa más corta, pues dura tan sólo unos momentos (de 5 a 8 segundos). En esta etapa, la mujer experimenta una serie de contracciones musculares involuntarias en la vagina, útero y recto, las cuales resultan muy placenteras. El número y duración de estas contracciones depende de cada mujer. La velocidad de respiración, pulso y presión arterial llegan a su máxima aceleración. La tensión muscular llega también a su punto más alto, acompañados, casi siempre, de reflejos musculares en las manos y pies. No existe un patrón similar para el orgasmo femenino. Diferentes mujeres experimentan distintas sensaciones, intensidad y duración.

Resolución

Se caracteriza por el retorno a un estado de reposo. Esta fase puede durar de 5 hasta 60 minutos. En esta fase, el útero y el clítoris regresan a sus posiciones normales, ocurre un relajamiento de los músculos, el enrojecimiento de la piel y la hinchazón de ciertas partes desaparecen. Durante esta fase algunas mujeres pueden responder a la estimulación adicional luego del orgasmo.

La mayoría de las mujeres necesitan que el clítoris sea estimulado directamente para poder llegar al orgasmo. Inclusive aquellas mujeres que dicen que sólo logran el orgasmo con la penetración, se sorprenderían si supieran que lo obtienen porque el pene roza la entrada de la vagina, y golpea con el hueso del pubis la zona de la vulva.

El Punto G se encuentra dentro de la vagina, sobre la pared interna; se siente como una protuberancia de textura esponjosa que hace relieve cuando la mujer se encuentra excitada sexualmente. No todas sienten placer al explorarla.

No existen muchos tipos de orgasmo, el orgasmo es uno.

Todos los orgasmos femeninos, directa o indirectamente, tienen intervención del clítoris.

El orgasmo en una mujer es un comportamiento que se aprende y no algo que se nace sabiendo. Obtener el primer orgasmo es un proceso que requiere práctica y mucha paciencia. A diferencia de los hombres, que tienden a masturbarse desde muy jóvenes, las mujeres empiezan a experimentar su sexualidad mucho después. Esto dificulta, en muchos casos, la obtención del orgasmo.

Para que la mujer llegue al orgasmo por medio de la penetración es muy importante la lubricación de la vagina, tanto como la estimulación del clítoris. Una vagina que no está lubricada lo suficiente sentirá una penetración dolorosa, lo cual bloqueará la obtención del placer y, por consiguiente, evitará que la mujer llegue al orgasmo. Es sustancial comprender que, previo a la penetración, durante la fase de excitación, la mujer debe recibir el suficiente estímulo erótico para poder lubricar la vagina y lograr que ésta se expanda y crezca para recibir al pene. La mujer debe decir cuándo está lista para ser penetrada.

La percepción de la respuesta orgásmica varía según la intensidad, la duración, la cantidad, el grado de excitación, el cansancio y las tensiones previas; si uno está de buen o mal humor. Podríamos decir, entonces, que hay distintas cualidades de percepción del orgasmo; por lo tanto, no todos los orgasmos son vividos de igual manera.

ORGASMO CON PENETRACIÓN

Muchas mujeres se sienten frustradas porque no tienen un orgasmo con penetración. Se calcula que el 60% de las mujeres no logra el orgasmo con penetración. Vamos a aclarar algunas cosas:

El orgasmo se obtiene si la estimulación del clítoris es adecuada cuando el pene entra, busquen cualquier posición en que el pene roce con el clítoris o clítoris con pubis de él. Por ejemplo, en la posición de misionero. En la que ella está acostada en la cama boca arriba y él acostado sobre ella; una vez que penetre, ella cerrará sus piernas y él las abrirá; eso hará que el roce sea perfecto. (Si él normalmente eyacula demasiado rápido no intenten esta posición porque la estimulación es tan fuerte que él eyaculara en segundos.)

Otra forma de lograr el orgasmo con penetración es que el pene, al entrar y salir, jale los labios vaginales para que la estimulación sea indirecta pero efectiva.

También se puede obtener el orgasmo con la maniobra de puente del doctor Kaplan, la cual indica que los dos deben estar acostados de lado, frente a frente. El hombre debe penetrar a su pareja y permanecer inmóvil, con su mano estimulará el clítoris y cuando ella esté a punto de llegar al orgasmo, deberá avisarle; él dejará de deslizar la mano en el clítoris y moverá la cadera hasta que ella logre el orgasmo. Cada vez requerirá de menos masturbación y más estimulación con pene.

Algunas mujeres se dan cuenta de que para lograr el orgasmo con penetración requieren que ellas o sus parejas las masturben con la mano mientras las penetran.

Otras colocan un vibrador sobre el clítoris mientras son penetradas. No debe darte pena pedirlo, no te sientas frustrada al necesitarlo. Nos enseñaron erróneamente que si necesitamos de la masturbación mientras somos penetradas es como si uno de los dos miembros de la pareja fallara, esto es una mentira. Lo importante es lograr mayor placer.

Es primordial que busquen lo que más se adecue a ustedes para lograr el orgasmo con penetración; pero más importante aún es que no depositen en eso su placer.

Hay muchas parejas que lo intentan, no lo logran y se frustran ya que sienten que algo no funciona bien en ellas. Algunas parejas deciden practicar el sexo oral o la masturbación previa a la penetración como parte del juego presexual; de esta manera será más fácil que ella obtenga un orgasmo para luego ser penetrada. Algunas lograrán otro orgasmo después, pero la mayoría garantiza su orgasmo previo.

LAS 6 MENTIRAS MÁS COMUNES DEL ORGASMO FEMENINO

1. Solamente se obtienen orgasmos por penetración.
2. El orgasmo a través de una relación sexual es el único y verdadero.
3. Debes tener cuando menos un orgasmo durante la penetración.
4. Si no tienes un orgasmo dañarás el ego y buen desempeño de tu pareja.
5. Si no logras un orgasmo, es mejor fingirlo.
6. Una mujer sin orgasmo durante la penetración es una mujer frígida.

CUIDADO CON TUS ACTITUDES

- Él debería darme un orgasmo.
- No tengo por qué decirle qué me gusta, él debería saberlo.
- Me estoy tardando mucho, me da pena... Mejor finjo.
- Para él es más importante el placer que para mí.
- Me avergüenza lo que estoy haciendo.

Ejercitar el músculo pubococcígeo puede ayudar a lograr mejores y más efectivos orgasmos, éstos se logran con los ejercicios de Kegel. Reciben este nombre por el doctor Arnold Kegel, quien desarrolló estos ejercicios para sus pacientes en la década de 1940 como método para el control de la incontinencia urinaria.

Algunas personas no localizan con facilidad los músculos pélvicos y deben practicar con frecuencia para aprender a contraerlos. Uno de los métodos consiste en sentarse en el sanitario e intentar retener el flujo de orina, constriñendo los músculos del piso pélvico. Practicando varias veces, la persona puede llegar a conocer el grupo correcto de músculos que logra la contracción. No deben contraerse los músculos del abdomen, caderas o nalgas mientras se realiza este ejercicio. Sin embargo, esta práctica sólo debe utilizarse para localizar los músculos y no como ejercicios, ya que altera el reflejo normal de la micción.

Los ejercicios pueden realizarse en cualquier momento y lugar. Acostadas o sentadas en una silla.

Durante la ejecución de los ejercicios no deben sentir molestias ni en el abdomen ni en la espalda; si esto sucede es que se están ejecutando de forma incorrecta. Hay quien contiene la respiración o aprieta el tórax mientras contrae los músculos del piso pélvico; esto no es recomendable, lo correcto es que se relaje y se concentre en los músculos del piso pélvico.

EJERCICIOS

1. Vaciar la vejiga.
2. Contraer los músculos de la vagina durante tres segundos y relajar. Repetir 10 veces.
3. Contraer y relajar lo más rápido que se pueda. Repetir 25 veces.
4. Imaginar que se sujeta algo con la vagina, mantener esta posición durante 3 segundos y relajar. Repetir 10 veces.
5. Imaginar que se lanza un objeto con la vagina, mantener la posición durante 3 segundos y relajar. Repetir 10 veces.
6. Imaginar que se acaricia un objeto con la vagina, como una madre a un niño, mantener la posición durante 3 segundos y relajar. Repetir 10 veces.

El ejercicio debe hacerse durante diez minutos. (Te aseguro que al leerlos has contraido la vagina, así... lo estás haciendo perfecto.)

Para saber si los ejercicios se están realizando correctamente es recomendable que, después de unos cuantos días haciéndolos, se haga la siguiente prueba: coloca un dedo o dos entre los músculos de la vagina y al contraerla debes notar que comienza a estrecharse.

En Oriente, las mujeres tienen un control extraordinario de la musculatura vaginal, tanto que algunas logran lanzar dardos o fumar con la vagina.

Es importante mencionar que los hombres desean fricción en el pene; con la edad y los partos vaginales la musculatura va perdiendo fuerza y elasticidad, por lo que estos ejercicios nos conceden la gracia de mantenernos sanas y permiten a nuestros hombres seguir teniendo placer.

Cuando estés poco excitada y tu hombre muestre deseos comienza a hacer los ejercicios de Kegel, te ayudarán a excitarte y te lubricarán. Después de varias semanas practicándolo, cuando tenga el pene adentro aprieta la musculatura, el sentirá más placer.

¿Aprendiste algo nuevo? ¿Te es fácil lograr un orgasmo? ¿Te es más fácil lograrlo con penetración o con masturbación? ¿Te sientes mal por no lograrlo por penetración? ¿Le pedirías que te masturbe mientras te penetra?

Aunque el coito puede ser placentero y muy excitante para una mujer, sobre todo si está enamorada, en general no suele producir el orgasmo femenino, si no se toca el área del clítoris.

Ésa es la comparación perfecta: su pene es como nuestro clítoris sus testículos y escroto es como los labios y la vagina.

¿Cuántos hombres podrían tener un orgasmo si se tocaran con suavidad sus testículos pero nunca el pene?

Shere Hite, *El orgasmo femenino*

Así de sencillo.

9 El Punto G y el Punto P

ELLAS

Nuestra mitología erótica incluye miles de narraciones en las cuales se da cuenta de la existencia de un punto escondido dentro del órgano sexual femenino sobre el que se centra la excitación sexual. Hoy, esa creencia está científicamente probada. El Punto G, G-Spot en inglés, es embriológicamente un equivalente de la próstata en el hombre, descubierto por el médico alemán Ernst Grafenberg, en los años cincuenta.

Él descubrió que hay una zona en la pared interior de la vagina que corre a lo largo de la uretra; esa zona se hincha mediante la estimulación sexual y proporciona tal cantidad de placer que desencadena el orgasmo en algunas mujeres.

El conocimiento del Punto G fue divulgado por vez primera en 1981, en un libro titulado *Una nueva visión del cuerpo de la mujer*, escrito por Ladas, Whipple y Perry, editado por la Federación de Centros de Salud de mujeres feministas. Esa asociación dijo que la función de esa área era "rodear y proteger la uretra llenándola con sangre durante la excitación sexual y el roce, actuando como un lubricante entre el pene y la uretra".

Todas las mujeres lo tienen, pero ello no significa que todas se estimulen positivamente, pues a algunas mujeres les desagrada.

Algunas autoridades médicas son escépticas sobre la existencia de este punto, pues es difícil de ubicar mediante autopsias y sólo adquiere un tamaño relevante mediante la excitación sexual.

El Punto G se encuentra ubicado a lo largo de la parte superior frontal de la pared vaginal, a cinco centímetros en dirección hacia el útero. La mejor forma de localizarlo consiste en insertar uno o dos dedos ligeramente flexionados hacia arriba. Realiza un movimiento, como si quisieras decir con un gesto "ven aquí", y lo encontrarás. El área es del tamaño de un pequeño garbanzo, al excitarse adquiere el tamaño de una nuez. El tamaño sí es importante, por lo que se requiere de tiempo de excitación para que crezca lo suficiente.

Es probable que, al ser estimulada, la mujer sienta necesidad de orinar. Eso se debe a que, al igual que la próstata, cuando se agranda presiona los nervios que controlan la vejiga urinaria. Si continúas la estimulación, la molestia será remplazada por una sensación placentera.

Anatómicamente, el Punto G es el área debajo de la cavidad esponjosa de la uretra. Esto explica, parcialmente, su rol en la eyaculación femenina.

Algunas mujeres reportan sentir orgasmos muy intensos, acompañados de eyaculación. Se sabe que la composición del fluido es muy similar a la secreción de la próstata.

Ese fluido no es orina, es un líquido alcalino segregado por las glándulas parauretrales. Estas glándulas producen una enzima llamada fosfatasa ácida prostática (PAP, del inglés, prostatic acid phosphatase), y glucosa (un azúcar). Estas sustancias se han encontrado en cantidades mucho mayores en la eyaculación femenina que en la orina. El fluido de las glándulas es expelido o liberado durante el orgasmo como resultado de las contracciones pélvicas.

Descubrir el Punto G, sin embargo, no es una tarea fácil. Aquellas que sí lo han encontrado, dicen:

- Haber descubierto el Punto G después de un día de mucha excitación y bastante tiempo de fricción, primero en clítoris y después directamente sobre la zona.
- Disfrutar mucho la posición de "perrito" durante el acto sexual, ya que le permite al pene un mejor acceso a la pared del frente de la vagina, donde se encuentra dicho punto.

Una presión firme, un ritmo rápido y mucha fricción, facilitarán el logro del orgasmo del Punto G.

La fuerza del músculo pubococcígeo de una mujer, se relaciona directamente con su habilidad para alcanzar el orgasmo a través del contacto. Cuando se aprende a fortalecer esos músculos, se logran mejores sensaciones. (Ejercicios de Kegel, mencionados en el capitulo anterior.)

Pueden buscar la zona y tratar de gozar, pero no obsesionarse con ello.

Algunas mujeres me dicen que lo han logrado localizar con un dildo o vibrador especial para Punto G; aunque, cuando tienen relaciones, el pene no alcanza a rozar con la zona.

Algunas mujeres me han pedido que las ayude a lograr la eyaculación porque sus hombres les piden que se "vengan". Muy pocas mujeres lo controlan. Hay mujeres que nunca eyaculan y tienen extraordinarios orgasmos y otras que eyaculan a diario pero no saben cómo sucede.

ELLOS

En años recientes se ha descubierto que el hombre también cuenta con un "sitio estratégico" de sensibilidad extrema que, si se sabe explorar, puede ser estimulado para desencadenar orgasmos de dimensiones no experimentadas comúnmente.

Muchos hombres no quieren descubrir este punto por considerarlo antihigiénico o por miedo a perder algo de su masculinidad, pero la realidad es que quienes lo han probado no dudan en repetir esta experiencia extremadamente satisfactoria.

Se le ha llamado el Punto G masculino o Punto P, aunque en realidad se trata de la próstata, una glándula que genera el líquido seminal que transporta a los espermatozoides.

Hay hombres que al ser estimulados cerca del ano inmediatamente detienen el contacto, ya sea por el temor a que les guste y creen que pueden ser homosexuales, o porque han sufrido de hemorroides y relacionan el ano con dolor

Si a tu pareja no le gusta que le estimulen el ano y zona aledaña, respétalo. Quizá en otro momento será.

ATRÉVETE A ESTIMULARLO

Puedes estimularlo por fuera o por dentro. Por fuera, entre testículos y ano hay una zona llamada perineo, si pasas tu dedo como si marcaras una línea de testículos a ano, más o menos a la mitad si presionas, acaricias, masajeas o vibras puedes tocar el Punto P.

Por dentro, si recibe un adecuado masaje, la próstata incita al hombre al orgasmo. Sin embargo, él no puede estimularse a sí mismo tan fácilmente, ya que su Punto P está dentro del recto, por lo tanto será necesaria tu colaboración. ¿Quieres tratar? ¡Lo volverás loco!

- Podrás sentir la forma de nuez que tiene la próstata si introduces con toda suavidad y delicadeza un dedo por el conducto anal y lo guías a través de su pared frontal.
- Aproximadamente a cinco centímetros presionas hacia adelante, es decir, hacia su pene hasta notar el pequeño abultamiento a esa altura.
- La posición que facilitará esta actividad es estando él acostado boca arriba con las rodillas contra el pecho; para él será más excitante si tú lo pones en esa postura e inicias la exploración.
- Dale un suave y pausado masaje.

Es importante insistir en que es sumamente delicado emplear la suavidad en la zona anal, pues es un tejido susceptible de lastimarse si no lo haces con sutileza, o si no empleas un lubricante.

¿Quieres que él goce el doble? La estimulación de esta área hará más intenso el orgasmo. Puedes utilizar un vibrador para estimular su Punto P mientras le das sexo oral o cuando él te esté penetrando.

Si quiere, puedes acariciar la entrada del ano utilizando un vibrador y si él lo desea, introducir un dedo (de preferencia con condón).

SUGERENCIAS IMPORTANTES

- Evita molestias o heridas teniendo las uñas bien recortadas.
- Usa guantes de látex o un preservativo para mayor protección.
- Aplica en el dedo un lubricante a base de agua que encontrarás en cualquier farmacia.
- Antes de introducirlo, toca suavemente la parte externa del ano, haciendo círculos.
- Introduce la punta del dedo un centímetro dentro del conducto anal y gíralo pausadamente, haciendo círculos en su interior.
- Pregúntale a cada instante qué sensaciones le produce cada movimiento.

¿Quisieras buscar tu Punto G? ¿Has eyaculado alguna vez? ¿Estarías dispuesta a buscar el Punto P de él?

10 Afortunadas nosotras... Multiorgasmia

Se llama multiorgásmica a aquella mujer que es capaz de experimentar orgasmos sucesivos, o varios durante un breve periodo, durante la relación sexual.

He observado que algunas mujeres que tienen una sexualidad satisfactoria, de pronto leen o escuchan acerca de la multiorgasmia y se sienten frustradas porque no les ha tocado vivir esa experiencia. No lo toman como una posibilidad, sino como un mandato o sentencia y creen que si no llegan a sentirla es porque algo anda mal en ellas y eso no es verdad.

Nosotras no poseemos una respuesta sexual refractaria (periodo posterior al orgasmo masculino en donde el pene requiere tiempo para volver a lograr una erección), por eso es que somos privilegiadas sexualmente en comparación con ellos y podemos ser multiorgásmicas.

No siempre es fácil conseguir la multiorgasmia, es necesario que seas estimulada adecuadamente y que nada distraiga tu mente. Además, no es de la noche a la mañana, se requiere de aprendizaje sexual que puede llevar años en desarrollarse, aunque en algunas mujeres se da naturalmente desde el principio de su vida sexual.

Es importante recordar que somos responsables de nuestro placer, ya sea que estemos solas o acompañadas. No siempre hay que dejar que él haga todo, porque puede no ser capaz o no saber hacerlo.

El placer y el goce no se miden por la cantidad de orgasmos que experimentemos.

Las mujeres multiorgásmicas nos dan los siguientes consejos:

Ellas logran experimentar una serie de orgasmos sucesivos cuando conocen bien su cuerpo, cuando no dejan de estimularse ni de fantasear y autoexcitarse, cuando la fricción sigue con la misma intensidad.

Recuerdas que te mencioné el juguete sexual llamado "el conejo", pues ese dispositivo puede acercarte a la multiorgasmia ya que estimula el clítoris y la vagina al mismo tiempo. Como funciona con pilas, nunca se cansa y no cambia de intensidad, el resto está en tu mente.

¿Has tratado de lograr orgasmos múltiples? ¿Te quedó claro cómo hacerlo?

ANORGASMIA: SUFRIMIENTO SILENCIOSO

Isabel está desesperada, ha fingido por demasiado tiempo el orgasmo con su pareja y ya no sabe cómo dejar de hacerlo. Lo peor es que no tiene idea de qué es o cómo se siente un orgasmo. Llega al consultorio, nerviosa, con una sensación de estar perdida.

Éste es el caso de muchas mujeres que lamentablemente no piden ayuda y viven en la ignorancia, sufriendo en silencio y sin obtener placer. Escuchan a sus amigas relatar que son amantes maravillosas, que consiguen un sinfín de orgasmos, además de llevar a su hombre al límite del placer. Al escuchar estas anécdotas, se consideran frígidas y se sienten infames por no ser igual a ellas. Fingen el orgasmo con su pareja y después no saben cómo parar, se vuelve una costumbre, un hábito. Observan en las películas a mujeres que gozan y gritan de placer, y ellas no logran siquiera excitarse. De ahí, se deriva una especie de depresión sexual.

¿Qué sucede con ellas? ¿Son frígidas, anorgásmicas o fracasadas?

¿QUÉ ES LA ANORGASMIA?

La anorgasmia es la inhibición recurrente y persistente del orgasmo, aun después de una buena excitación. Es como casi llegar, pero nunca conseguirlo.

La sexología distingue la anorgasmia primaria, o mujeres que jamás han experimentado un orgasmo (ni siquiera por medio de la masturbación), de la anorgasmia secundaria: referida a las mujeres que tuvieron orgasmos regularmente y, de pronto, dejaron de experimentarlos.

LOS PORQUÉS...

Para la sexología clásica los problemas se dividen en: a) físicos (5% de los casos), relacionados con enfermedades, medicamentos e infecciones, y b) psicológicos (95% de los casos). Falta de información sexual, traumas, represión, miedo a la intimidad, miedo a perder el control, a quedar embarazada, mala relación de pareja, hostilidad, abuso sexual, violación, depresión, sentimientos de culpa, luchas de poder, ansiedad, alcoholismo, anorexia, desconfianza, falta de atracción y pobres técnicas eróticas son las causas más comunes de que el fenómeno de la anorgasmia suceda.

Algunas mujeres anorgásmicas han logrado cambiar apoyándose en diversas técnicas:

1. Leyendo algún libro que la guíe al conocimiento de su propio sexo, eliminando juicios erróneos y descalificadores. Valorando el cuerpo y recibiendo el placer como algo maravilloso, y no como algo prohibido.
2. Masturbándose. Explorando el cuerpo, conociendo zonas erógenas y descubriendo lugares placenteros a través de las caricias.
3. Eliminando mitos y falacias con respecto al sexo, ya sea platicando abiertamente con amigas, en grupos de apoyo o con la pareja. Siempre y cuando el otro tenga información real y verídica.

   Visitar a un terapeuta sexual o a un grupo especial para anorgásmicas
4. Hablando abiertamente del tema sexual con su pareja. Muchas mujeres mencionan que sus parejas creían que el orgasmo sólo se obtenía por medio de la penetración y que pesaba sobre ellos la capacidad de que la mujer lo obtuviese o no.

   Una vez que están bien informadas y tienen más conocimiento sobre su cuerpo, le comentan a sus parejas cómo quieren ser estimuladas. Dónde quieren recibir las caricias, cuándo, qué tan suave, qué tan intenso, etcétera.
5. Con la ayuda de un vibrador. Aunque para muchos hombres es ofensivo, otros entienden que puede ser un objeto que facilite el orgasmo de su mujer.

   No es el sustituto de nadie. Simplemente algunas mujeres mencionaron sentirse menos ansiosas y presionadas con el vibrador que con la pareja; y una vez que logran dominar su orgasmo, lo comparten con su pareja con mayor facilidad.

6. Practicando con conciencia. Muchas mujeres mencionan que se les dificulta lograr el orgasmo cuando pasa mucho tiempo entre una relación y otra. Y que se dieron cuenta que, si hacían el amor más seguido, podían recordar qué les gusta y dónde se estimulan más, consiguiendo el orgasmo de forma frecuente.

7. Subiendo su autoestima. Sintiéndose segura es más probable que la mujer luche y se esfuerce en nombre del placer. Una mujer que no se quiere o que quiere más a su pareja que a ella misma, focaliza el placer en el otro y se olvida de sus propias necesidades.

8. De viaje. Las tensiones cotidianas, la ansiedad y el estrés provocan poca concentración en sensaciones eróticas; además de dejar poco tiempo disponible para disfrutar.

Dedicar tiempo al amor, al deseo, a disfrutar, con tranquilidad y preparación, puede ayudar a destensar la situación y a que se fluya libremente, sin miedo.

9. Cambios. Cambios de posición, de caricias, de escenario, de ropa interior, de perfume, de lugar, etcétera. La rutina empobrece el orgasmo y su calidad.

Algunas mujeres mencionan que los cambios, de alguna forma rompen con la rutina y vuelven la experiencia más placentera.

10. Pornografía hecha para mujeres. Algunas mujeres que no pueden o no saben cómo fantasear para enriquecer su excitación se han apoyado en películas. (Pero en películas hechas para mujeres, que son muy diferentes a las creadas para los hombres. Pídanla así: pornografía dirigida a mujeres.)

¿ES MEJOR FINGIR UN ORGASMO?

Fingir los orgasmos condena a la mujer a seguir haciéndolo y a no poder gozar, ya que está más pendiente de la escena que tiene que dramatizar que de su propia entrega al placer orgásmico. Para ella, es más importante que él se sienta bien con su desempeño sexual a sentir un orgasmo.

¿Existe el miedo a sentir el orgasmo? En algunas mujeres sí. Algunas mencionan el temor:

- A perder el control.
- A caer en la prostitución.
- A volverme loca.
- A ser una perdida.
- A que mi pareja me vea como a una cualquiera.
- A orinarme.

11 Fantasías sexuales: fantasmas del placer

A lo largo del tiempo, las parejas sienten que se apaga el fuego de la pasión, siempre presente al principio de una relación amorosa; muchos dicen que sus relaciones sexuales comienzan a tornarse insípidas y aburridas.

Esto no tiene nada que ver con el amor, que puede seguir desarrollándose y volverse más intenso y maduro de lo que era al comienzo. Es algo natural, la cotidianeidad se hace presente y lo que era novedad ya no lo es, y si a esto se le suman las rutinas del trabajo, los niños y los problemas naturales de toda relación humana, no hay romanticismo ni pasión sexual que resista tanta presión. Es ahí donde la aparición de las fantasías sexuales puede convertirse en una interesante manera de recuperar el erotismo.

Las fantasías sexuales son imágenes o escenas construidas en la psique con base en deseos, sueños, ilusiones, con ideas consciente o inconscientes que nos provocan excitación. Pueden ser escenas de películas, libros, novelas, poemas, o meras construcciones de situaciones que son producto de la imaginación.

Las fantasías son usadas para inducir o aumentar la excitación. Algunas son placenteras y excitantes, mientras que otras pueden resultar desconcertantes y hasta incómodas.

Las fantasías se presentan, comúnmente y sin mayor problema durante la masturbación y las relaciones sexuales en pareja.

Las fantasías pueden aparecer voluntaria o involuntariamente en la imaginación de la persona, con y sin la intervención de ningún estímulo sexual específico.

Las fantasías pueden aumentar de muchas maneras, tanto en los aspectos fisiológicos como los psicológicos, la respuesta sexual:

1. Disminuyendo el aburrimiento.
2. Focalizando los pensamientos y sentimientos (borrando distracciones o presiones).
3. Mejorando nuestra propia imagen.

Las fantasías eróticas aumentan la pasión y la excitación sexual y, a decir de los expertos en la materia, mejoran la autoimagen, nos hacen sentir más sensuales, nos ayudan a focalizar sentimientos y pensamientos, nos brindan mayor seguridad y confianza, y evitan la rutina y/o el aburrimiento.

Lo que a unos excita a otros inhibe. Es por eso que las fantasías son muy personales. En general, nos permiten concentrarnos en las sensaciones placenteras, sin censura y aumentando la posibilidad de excitación erótica.

Son seguras porque son privadas y ficticias, no tememos ser descubiertos y estamos libres de responsabilidad. Y como somos el director de la escena, podemos suspenderlas abruptamente si no nos gustan, o cambiarles el rumbo a placer.

Muchas fantasías conviene dejarlas en esa dimensión mágica para que nunca trasciendan a la realidad. En estas fantasías, el daño a terceros está implícito.

¿LAS FANTASÍAS DEBEN HACERSE REALIDAD?

Comúnmente, las personas con pocos deseos eróticos son quienes menos fantasías sexuales tienen. No obstante, el hecho de que alguien fantasee no presupone que necesariamente deba llevar su fantasía a cabo. Es más, a una gran mayoría de personas nunca se les ocurriría realizarlas. Muchas veces, el traslado de la fantasía a la realidad es decepcionante, desagradable y pierde su valor erótico de inmediato.

Para decidir sobre la realización de una fantasía es conveniente revisar de manera profunda cómo ésta podría llegar a afectar e impactar la vida emocional, en lo personal y en la pareja. Se recomienda tener bien clara la diferencia entre fantasía y deseo.

El deseo de experimentar algo nuevo puede ser propuesto y tratar de realizarse; una fantasía, de preferencia debe quedarse en la mente y ser utilizada como una forma de excitación personal, esto si consideramos que puede resultar aberrante para nuestra pareja.

¿SE DEBEN COMPARTIR?

Una polémica que surge en torno a la comunicación de la pareja consiste en determinar hasta qué punto conviene compartir las fantasías sexuales. Este tema es muy delicado, pues algún miembro de la pareja, aunque quede claro que es algo irreal, puede llegar a sentirse lastimado. Por ejemplo, ¿qué sentiría un hombre si su pareja le comentase que cuando están haciendo el amor ella imagina que él es otro hombre? Para algunos significaría un golpe tan fuerte que decidiría dar por terminada la relación, y para otros, los menos, no sería mayor amenaza. Todo depende de las ideas, valores y conceptos de cada uno de los integrantes de la pareja, y del grado y manejo de la intimidad entre ambos.

Tanto los hombres como las mujeres tienen, normalmente, fantasías sexuales. Esto no se considera un problema, siempre y cuando no se viva con culpa, se genere angustia o se avergüencen por tenerla. La imaginación erótica es un extraordinario recurso que se puede poner al servicio del placer para disfrutar de una vida sexual plena. Las fantasías sexuales son una fuente de inspiración y diversión.

¿LAS FANTASÍAS SON NORMALES?

No se puede decir que haya fantasías normales o anormales, porque esto conlleva a un juicio de subjetividad y, por lo tanto, de relatividad. Lo que para unos es normal, para otros no lo es. Se dice que cualquier tipo de fantasía es normal, porque forma parte de la naturaleza de cada ser humano.

Algunas mujeres se preocupan por el contenido de sus fantasías, ya que se sienten culpables por imaginar ciertas cosas, o bien porque creen que esos pensamientos indican que, quizá, su pareja se comportaría de esa manera si él no estuviese allí. Y puesto que muchas veces el argumento gira en torno a conductas prohibidas o fuera del sistema de valores impuesto por la sociedad, consideran que el poseedor de las fantasías tiene un problema psicológico o una alteración de la personalidad; pero se ha demostrado que en la mayoría de los casos, no es así. Por regla general, las fantasías sexuales son únicamente una búsqueda de placer, efectuada mediante la imaginación de ensoñaciones eróticas que excitan sexualmente al que piensa en ellas.

Si una persona tiene fantasías sexuales que la hacen sentirse incómoda, con culpa o avergonzada, definitivamente ese elemento no está prodigando nada positivo.

Es importante enfatizar que la fantasía no puede sustituir al acto sexual en sí.

Por ejemplo, el que una pareja vea o disfrute videos eróticos mientras tiene relaciones, siempre y cuando ambos lo gocen, es completamente válido. Ahora bien, si sólo se puede tener sexo bajo estas condiciones es cuando hay que preguntarse qué está sucediendo.

DIFERENCIAS ENTRE HOMBRES Y MUJERES

En un estudio reciente se encontró que cerca del 80% de los hombres y las mujeres se apoyan en fantasías sexuales para acrecentar su excitación. Las mejores fantasías sexuales, las que ofrecen más placer, se centran en situaciones ideales, las que prácticamente no se pueden conseguir en la vida real y que, a diferencia de ésta, sí pueden encenderse o apagarse a voluntad, ya sea para acelerar o para refrenar la actividad sexual.

Aquí otra consideración en el universo de la pornografía, generalmente se puede encontrar satisfecha cualquier tipo de fantasía sexual, por rara que pudiera parecernos.

Parece que, en general, los hombres fantasean más que las mujeres.

En el caso del varón, los argumentos más frecuentes de sus fantasías sexuales son los siguientes:

- Imaginar tener relaciones sexuales con una mujer diferente a la compañera habitual.
- Figurarse realizando el acto sexual con varias mujeres a la vez.
- Pensar en actividades homosexuales.
- Recordar contactos sexuales anteriores.
- Fantasías sadomasoquistas, en las que se considera que la violencia tiene un atractivo especial, pues se une el dolor al placer sexual; el hombre desempeña el papel de dominador o dominado ante una mujer sumisa o autoritaria (dominatrix).

- En el avión.
- Con la secretaria.
- Con la sirvienta.
- En lugares públicos.

Entre las mujeres que tienen fantasías sexuales, se encuentran con mayor frecuencia las siguientes:

- En la playa, solos, desnudos.
- Imaginan tener relaciones sexuales con un hombre diferente al marido o compañero habitual.
- Anhelan ser objeto de una violación, llevada a cabo por uno o varios hombres.
- Piensan en actividades lésbicas.
- Evocan contactos sexuales anteriores.
- Fantasías violentas en las que se establece una relación sádica o masoquista; la mujer desempeña el papel de dominadora ante un hombre sumiso que ha de complacerla, o bien es ella la que debe satisfacer todos los deseos de un hombre autoritario.
- Un hombre que muere de placer por poseerla.
- Con el médico.
- Con el maestro.

Las fantasías tienen el poder de despertar el deseo sexual, pueden compartirse pero a veces es bueno conservarlas en secreto, en ese lugar de la mente donde somos realmente libres, pues todo está permitido.

Disfruta de tus fantasías, no las juzgues, no las califiques, deja que tu imaginación cree imágenes que te ayuden a disfrutar de tu sexualidad de una manera abierta, sana y le permita al placer apoderarse de tu mente y de tu cuerpo.

¿Fantaseas?; ¿son imágenes creadas o vividas? Si fantaseas con otro, ¿te sientes infiel? ¿Hay alguna fantasía que te gustaría compartir y realizar? ¿Conociendo a tu hombre, crees que aceptará?

12 Sexy y seductora

Toda mujer quisiera ser calificada como sexy y seductora. Son dos adjetivos atractivos que nos distinguen y nos hacen sentir reconocidas, femeninas y únicas.

La tendencia de los medios de información al definir lo que es sexy nos hace mucho daño. Muy pocos pueden llegar a los estándares de belleza y atractivo sexual, aunque ello depende del país, la cultura y la religión a la que pertenezcas. Por darte un ejemplo, en algunas tribus de África lo más sexy son las mujeres con aros en el cuello, mientras más aros más bella; en China, durante muchos años, a las mujeres se les ponían desde pequeñas, vendas muy apretadas, porque la belleza residía en los pies pequeños y deformes; en México, lo sensual es ser una mujer voluptuosa en caderas, glúteos y senos.

La mayoría de las personas no nos ajustamos a estándares de belleza prefabricados y no por eso estamos fuera de la jugada.

Los hombres y mujeres que se esfuerzan por parecerse a las modelos o celebridades pueden desarrollar trastornos alimenticios, hacer ejercicio en exceso o abusar de los esteroides.

La definición de "sexy" no puede ser única ya que, en gran medida, depende de la persona que juzga ese atributo bajo parámetros definidos; ese toque subjetivo convierte la visión en algo personal, por lo que las consideraciones son individuales. Lo que es sexy para alguien puede no serlo para otro. Esta individualidad es lo que hace la vida interesante, ya sea en términos de belleza, desfachatez, rechazo o seducción.

Lo primero que nos atrae es lo que vemos, el físico. Unos ojos bellos, una cabellera larga y sedosa, unos labios tersos, unos senos grandes, unas nalgas bien formadas.

El pavo real macho se pavonea orgullosamente y luce las plumas brillantes de su cola. El león ruge y mueve su elegante melena. La conejita de *Playboy* revela de manera tentadora sus senos. Las características sensuales —la manera en que una persona luce o actúa— atraen al otro y pueden provocar deseo sexual.

En una encuesta hecha por internet en 2009, mediante una página de temáticas sexuales, se preguntó a los hombres qué significaba para ellos una mujer sexy, y éstas fueron algunas de sus respuestas:

- Ropa interior roja, de encaje, de lino, telas suaves
- Escote no muy marcado; si se sale algo, que sea ropa interior sexy, nos encanta imaginar
- Falda corta y tacones, piernas suaves
- Que muestren curvas
- Pelo largo, y que juegue con él mientras platica
- Inteligente, que esté al día, con tema de conversación interesante
- Risas, no carcajadas
- Labios carnosos y brillosos, como recién besados
- Cuando camine, que mueva la cadera sin exagerar
- Que me mantenga la mirada con una sonrisa pícara
- Autoconfianza, no soberbia, no arrogancia
- Cuando saborea algo que comió o tomó, cerrando los ojos o diciendo: "mmmm"
- Desinhibidas

Generalmente, una mujer sexy es una mujer sensual que provoca placer o incita al mismo.

Conocí a una chica que destilaba sensualidad y me atreví a preguntarle cuál creía ella que era su secreto, y me dijo:

Todo el tiempo estoy en contacto con el placer, pienso en disfrutar cada cosa que hago, me imagino lo que el otro desea o fantasea y lo hago. Si los ojos de un hombre van a mi boca, lamo mis labios, si ve mi escote, juego con él, si mira mis piernas, las acaricio suavemente.

¿QUÉ ES SEDUCTOR PARA UN HOMBRE?

Una mujer:

Segura. No hay nada que le guste más a los hombres que las mujeres que van por la vida con seguridad, pisando fuerte. Decidida, capaz de tomar decisiones.

Femenina. Es una dama y debe comportarse como tal.

Sexy. Pero nunca demasiado atrevida, porque lo asustaría. Un escote adecuado, una falda con abertura estratégicamente ubicada... Pero nunca un vestido completamente transparente, porque si hay algo que les encanta a los hombres, es imaginar qué habrá debajo de esa ropa tan sugerente que llevas... Siempre es mejor insinuar que mostrar.

Con aspecto físico agradable e impecable. No siempre quieren que seamos top models, delgadas, altas, maravillosas... existen gustos de todo tipo. En lo que todos coinciden es en que odian a las chicas muy maquilladas, demasiado enjoyadas o que se han perfumado en exceso. Pero tampoco quieren mujeres en pants durante todo el día, sin gota de maquillaje o con piyamas matapasiones.

Inteligente. Con la que pueda hablar de todos los temas que desee, aunque no sea una experta, sí que esté al día.

Con iniciativa. Que proponga actividades, viajes, espectáculos, lugares de interés.

Que cuando él pregunta "¿a dónde vamos?, la respuesta no sea siempre "a donde tú quieras".

Misteriosas. Que tengan secretos. A los hombres les gusta que los sorprendan; siempre tener algo que conquistar.

Conocemos mujeres que son siempre el centro de las reuniones. Los hombres se dan la vuelta en la calle para mirarlas. Roban novios y maridos. No miden 90-60-90, no son modelos, pero ¿qué hacen para que los hombres se vuelvan locos por ellas? Son mujeres seductoras, seguras de sí mismas, de sus cualidades y su fuerza.

Una noche, en un bar, me percaté de que había una chica rodeada de hombres; al observarla me di cuenta de que no era muy bonita, vestía con un escote pronunciado, estaba riendo, pero algo en especial me llamó la atención, la forma en que abrochaba y desabrochaba constantemente el botón más alto de su blusa, a los hombres se les iban los ojos, no es que abriera su blusa simplemente jugaba con ella.

¿EN QUÉ CONSISTE LA SEDUCCIÓN?

La seducción es una promesa de placer. Al igual que sucede en la publicidad, a través de signos tenues se le hace entender al otro que se le puede proporcionar placer. Seducir es, precisamente, colocarse en el lugar del ideal del otro.

Las mujeres llamativas, audaces, egocéntricas, suelen gustar a la mayoría porque satisfacen un ideal de muchos hombres: tener a su lado a una mujer que los otros hombres sin duda desean, eleva el ego y refuerza la autoestima.

Pero, con frecuencia, los ideales generales suelen chocar con los personales. Es en estos casos cuando cada mujer debe descubrir qué es lo que seduce al hombre que tiene a su lado. Las mujeres somos devotas de las recetas. Y no sólo las utilizamos en la cocina, sino también cuando se trata de seducir a un hombre. Cada una tiene la propia y cada una reserva para sí ese pequeño secreto que hace que los resultados que obtiene sean inigualables.

Para ser seductora hay que estar segura de lo que una vale. Hay que ser inteligente y tener intereses diversos. La sensualidad es fundamental. No se puede mostrar lo que no se tiene.

Las mujeres seductoras son, por lo general, las que echan mano de recursos que están al alcance de todas pero que, sin embargo, no todas conocen.

¿QUÉ LES GUSTA A LOS HOMBRES?

Eso depende de cada uno, de su historia personal y de cómo esa historia lo ha condicionado. Cada uno tiene ideales específicos acerca de su mujer ideal. Quizá, podrías hacer una encuesta entre tus amigos acerca de lo que consideran que es sensual —escucha y aprende.

Una forma de aclararnos si estamos en el buen camino o detenidas sin darnos cuenta, es contestar sinceramente el siguiente test. Así podrás saber si tu capacidad de seducción se mantiene intacta o si, descuidadamente, has perdido esa capacidad humana y maravillosa de ser seductora. Es posible que algunas de las preguntas generen dudas, por lo tanto es bueno releerlas.

Test:

1. Por la mañana, para ir a comprar el pan a la panadería de la esquina:

   a. Te colocas un jorongo encima de la piyama, ¿quién se va a fijar a esas horas en lo que llevas puesto?
   b. Unos jeans, algo sencillo.
   c. Te pones rápidamente un vestidito de flores; nunca se sabe a quién te puedes encontrar.

2. Si tu pareja te muestra un conjunto de lencería sexy, ¿tú?

   a. Te la pones inmediatamente y le pides a tu pareja que te la quite lentamente.
   b. Te la pones, aunque te da vergüenza.
   c. Esas cosas no van contigo.

3. A la hora de elegir ropa interior. Lo haces...

   a. Por el precio. La lencería bonita es muy cara.
   b. La mayoría de la veces la eliges pensando en la textura y lo sexy que se verá.
   c. Buscas algo que sea cómodo.

4. El sexo en la oscuridad es:

   a. Ideal para abandonarse, aunque a veces puede haber una vela prendida.
   b. Perfecto, disimula.
   c. Aburrido, la luz excita más.

5. Si tuvieras que asociar algún alimento con sexo, ¿sería?

a. Brócoli.
b. Plátano con crema.
c. Champagne.

6. Ves a un hombre que te llama la atención, lo observas...

a. Directamente a los ojos, como diciéndole: "Quiero conocerte".
b. Desde atrás de una columna, para que no se dé cuenta.
c. De perfil, con ojos lánguidos.

7. ¿Estás de acuerdo con los videos eróticos?

a. Sí, los encuentros graciosos y excitantes.
b. No me parecen, me dan asco.
c. Creo que, en ocasiones, pueden ser de gran ayuda.

8. Cuando vas a salir, te perfumas:

a. Media hora antes y en el último momento, para que la fragancia dure toda la noche.
b. No es necesario, me dura lo que me pongo en la mañana.
c. Cuando se me ocurre, y con lo que tenga a mano.

9. Cuando observas a alguien del sexo opuesto, ¿qué es lo primero que miras?

a. El rostro.
b. El trasero.
c. Las manos.

10. Si un desconocido te sonríe

a. Te da vergüenza y apartas la mirada.
b. Devuelves la sonrisa.
c. Tratas de recordar si lo conoces.

11. ¿Cómo te desvistes?

a. Con alevosía, disfrutándolo, despacito.
b. De cualquier manera, me da igual.
c. Como si me espiasen, bien tapadita.

12. Si miras tus uñas, están:

a. Comidas, sin limar, sin pintar.
b. Con el manicure hecho.
c. Postizas o de gel, con algún diseño fino.

13. Si te encuentras frente al artista que más admiras, ¿tú?

a. Le hablarías de tu admiración y le pedirías su autógrafo.
b. Lo observarías y luego lo perseguirías.
c. No sabría, qué decirle.

14. Para poder seducir a otra persona es necesario...

a. Tener buena apariencia.
b. Compartir los mismos gustos.
c. Sentirse bien consigo misma y actuar.

15. Después de bañarte te gusta...

a. Perfumarte y vestirte.
b. Te vistes inmediatamente, siempre hace frío.
c. Disfrutas del cosquilleo del secador sobre la nuca, desnuda.

16. ¿Qué importancia le asignas al ambiente en el momento de tener relaciones?

a. Mucha. Un buen ambiente, con música agradable, es un gran aliado.
b. El ambiente no es tan importante como la actitud de la pareja.
c. Es la forma adecuada para causar una buena impresión al acercarse.

17. Cuando existe una desavenencia en la pareja, la mejor forma de reconciliarse es...

a. Tener un apasionado encuentro sexual.
b. Dejar pasar el tiempo.
c. Con sonrisas, caricias y platicando se arregla todo.

18. ¿Hace cuánto que no van a un hotel de paso?

a. Ni siquiera lo recuerdo.
b. Desde que aparecieron los hijos hemos abandonado esas visitas, pero están en la mente.
c. Hace poco, después de una cena romántica.

Asígnales el puntaje que aparece en la siguiente tabla y luego súmalo.

	a	b	c
1.	0	3	5
2.	5	3	0
3.	0	5	0
4.	3	0	5
5.	0	5	3
6.	5	0	3
7.	3	0	5
8.	5	0	3
9.	3	5	0
10.	0	5	3
11.	5	3	0
12.	0	3	5
13.	0	0	0
14.	3	0	5
15.	3	0	5
16.	5	0	3
17.	3	0	5
18.	0	3	5

De 0 a 29 puntos

Es muy posible que tu capacidad de seducción esté disminuida; posiblemente porque has dado paso a otras prioridades. Quizá, las presiones externas te obliguen a dejar de lado ese aspecto fundamental de la convivencia en pareja. Un buen remedio para esta situación sería vacacionar, alejada de todas las preocupaciones, quizá te ayuden a reencontrar el camino perdido.

Es importante sentirnos bien con nosotras mismas para poder tener la actitud seductora. No lo dejes a un lado, dale prioridad.

Baja de peso, compra ropa interior sexy y un vestido que te encante, hazte un buen corte de pelo o píntalo de otro color

De 30 a 59

Tu puntaje me hace pensar que realmente entiendes que la seducción es un comportamiento importante en la vida de cualquier mujer.

Sin embargo, pareciera que en ocasiones, ya sea por ansiedad o por falta de recursos, decides saltarte la etapa de la seducción y el jugueteo para pasar directamente a la relación sexual... Sería necesario reflexionar más sobre esta forma de actuar, y no olvidar la seducción.

Tienes claro lo que puedes hacer, hazlo.

De 60 a 90 puntos

Entiendes la importancia de la seducción para el erotismo y la buena convivencia. Sabes que buena parte de la felicidad de tu pareja, y también la tuya, pasa por mantener vivo el hábito de la seducción. Mantén esa actitud y la vida será tu cómplice para tener relaciones muy satisfactorias.

Finalmente, la seducción es una cuestión de actitud. Lo más importante es saber cuál es "tu fortaleza", cuál es la cualidad más importante con la que cuentas; para algunas, quizá será su sentido del humor; para otras, su belleza; para otras, su inteligencia.

Una vez que conozcan su potencial, utilícenlo.

ÉSTOS SON ALGUNOS CONSEJOS DEL ARTE DE LA SEDUCCIÓN

- Cree en ti: aprecia tu esencia como ser humano, confía en tus posibilidades. En tus fortalezas.
- Cuida tu físico. Sabemos que la primera impresión es esencial.
- Rompe con la timidez; para dejar de ser tímida es necesario atreverte a buscar nuevas oportunidades. Deja la actitud pesimista a un lado; sé paciente, positiva y muy optimista.
- Relájate: cuando estamos cerca de la persona que nos gusta, solemos ponernos ansiosos, respiramos muy rápido, sudamos, nos palpita el corazón. Como consecuencia, precipitamos acciones y restamos eficacia a nuestros comportamientos. La ansiedad debe ser controlada cuando estés en situaciones de tensión.
- Seducir con el cuerpo. Vístete sexy. Él no necesita enterarse de que traes ropa interior roja, pero tú sí.
- Sé atrevida, haz comentarios arriesgados. Deja atrás la pasividad, toma el control.
- Utiliza tu cuerpo: Para seducir hay que tener buena disposición, seguridad en una misma y estar preparada para utilizar los cinco sentidos: la vista, el olfato, el oído, el gusto y el tacto.
- Romper el hielo: mantener el contacto visual, sonreír, no hacer un interrogatorio, hablar de ti misma, compartir sus pasatiempos favoritos. Halágalo, a ellos les gusta ser reconocidos.
- Ponte en sus zapatos, muestra interés en lo que la otra persona siente (emociones) cuando conversa contigo. Trata de ponerte en su lugar y hacérselo saber con las palabras. Escúchalo.
- Ten una plática interesante; eso te convertirá en una mujer con la que se desea estar.
- Siéntete sexy y serás sexy.

¿Te consideras sexy? ¿Qué haces para llamar la atención? ¿Puedes adoptar algo nuevo de lo que has leído hasta este momento? ¿Se te ocurre alguna idea concreta que llevarás a cabo? ¿Has platicado acerca de este tema con tu pareja? ¿Con tus amigas?

13 Ser una buena amante, el sueño de toda mujer

Desde que la monogamia se convirtió en la forma socialmente aceptada para la relación de pareja, hombres y mujeres hemos luchado por mantener el interés sexual y emocional de nuestras relaciones. Técnicas eróticas, belleza, cirugía, ropa interior, perfumes y cultura han sido algunos temas de interés general.

Para muchas mujeres, el tenerlos "felices en la cama" ha sido uno de los objetivos principales; algunas, como forma de no ser abandonadas por la edad; otras, porque así se sienten valoradas, y unas más porque quieren sentir que lo que hacen, lo hacen bien.

La preocupación de muchas mujeres por ser buenas amantes nos ha forzado a romper con mitos sobre la sexualidad y esto ha sido de mucho beneficio.

Hoy en día, las mujeres estamos más informadas, hemos luchado por amar nuestro cuerpo, a pesar de que no sea el más delgado o el más terso; hemos aprendido a gozar, a recibir y dar placer.

Hoy sabemos que ser una buena amante consiste en algo más que realizar ejercicios extraños en la cama, es mucho más que posiciones sexuales y frecuencia de relaciones.

Les voy a relatar una anécdota:

En una ocasión, un hombre me dijo que la mejor amante era la mujer que proponía, la que iniciaba la relación, la que mostraba interés. En la misma conversación, su amigo lo interrumpió y mencionó que eso le parecía corriente, que para él la mejor amante era una mujer grácil, tierna, suave, que en silencio expresa su placer.

Yo te preguntaría a ti: ¿Para ti qué significa ser una buena amante? ¿Y para tus amigos? ¿Para tu pareja? Sería un buen e interesante ejercicio averiguarlo.

Lo importante es saber qué te funciona a ti primero, y después platicarlo con tu pareja para que puedas crear tus propios conceptos.

Lo que para algunos es ser un buen amante, para otros no lo es.

Se piensa que los amantes perfectos sólo se logran en las películas y que difícilmente se dan en una relación de pareja monógama, y menos aún en un matrimonio. Afortunadamente, están equivocados. Si yo te preguntara, ¿cuántas horas le dedicas al sexo en comparación con otras actividades, qué me dirías? Claro, imagino tu respuesta. Y es que si le dedicáramos al sexo el mismo tiempo que le dedicamos al trabajo, a aprender cosas nuevas y conocer a nuestra pareja, lograríamos grandes amantes; queremos que el tiempo que dure la relación sea satisfactorio. Si pretendemos que, por arte de magia, nuestra relación no se torne aburrida o monótona, aunque no hagamos ningún esfuerzo real por incrementar nuestro conocimiento al respecto, fracasaremos; queremos saber cómo complacer a la pareja, pero el miedo nos impide ilustrarnos y actuar en consecuencia.

Algunas mujeres opinan lo siguiente:

Muy bien y ¿nosotras qué? Yo también llego cansada, yo atiendo a los niños, ¿a mí quién me consiente?

Tienen toda la razón. A esa misma lista podríamos cambiarle el titulo y ponerle: "Cómo ser un buen amante", y entregársela a ellos.

A continuación, te regalo algunas ideas que sirve para acercarse a lo que muchos hombres y mujeres han calificado como, excelentes amantes.

AMOR

Una buena amante, antes que nada, se ama a sí misma, se acepta, se gusta y se quiere; eso le permite amar y aceptar al otro.

COMUNICACIÓN

Las mujeres (todavía...) no tenemos la capacidad de adivinar cuáles son los deseos ocultos de los hombres. Por ello, la base de una buena relación sexual es la comunicación. Una buena amante tiene la confianza de externar sus fantasías y deseos, así como de preguntar cuáles son los de su pareja. Está dispuesta a aprender constantemente lo que su hombre necesita y desea. Una buena amante es considerada una excelente escucha, no sólo a nivel sexual, sino a nivel emocional e íntimo.

TIEMPO

Una buena amante es aquella que disfruta y sabe hacer disfrutar a su hombre, aquella que dedica tiempo a prepararse y preparar a su pareja sin prisa. Es la mujer que seduce mediante el jugueteo presexual. Una buena amante sabe que, mientras más tiempo de expansión erótica tengan, más disfrutarán del orgasmo y más satisfechos estarán al final. Ella conoce que igual vale una relación sexual de unos minutos como una de varias horas.

Un considerable número de mujeres me ha dicho que sus hombres tienen demasiado apetito sexual, que todos los días quieren tener relaciones, y eso estaría bien si ellas también lo desearan. A veces, a través del sexo manifestamos ansiedades. Si es el caso de tu pareja o el tuyo, es importante darte cuenta de que si las relaciones sexuales son rápidas, sólo alimentas la ansiedad. Yo te sugiero frenar esa necesidad y ser más consciente del acto sexual, hacerlo despacio, deteniéndote para dar y recibir placer, no como una forma de lograr el orgasmo únicamente, sino de disfrutar el proceso; esto hará que la ansiedad disminuya y su deseo se espacie.

IMAGEN

Una buena amante es aquella que cuida su aspecto personal, que se preocupa por estar bella, que atiende su higiene, que huele bien. Aquella que cuida sus uñas, su pelo, su cuerpo, su piel. La que hace ejercicio porque sabe que así tonificará su cuerpo y tendrá un buen estado de salud. No me refiero, en ningún momento, a que tenga que ser como una modelo (habría muy pocas buenas amantes); simplemente tiene que verse bien, sobre todo ante sus propios ojos.

La belleza es algo subjetivo y se lleva por dentro; sólo quien se siente bello lo puede reflejar a los demás.

SENTIDOS

Una buena amante disfruta de sus sentidos, explorándolos uno a uno, utilizando sus manos para transmitir calor, sus uñas para hacer cosquillas, incrementando la relajación con música suave, con la luz de velas que permitan sólo ver lo bello de cada piel, saboreando cada beso, y el sabor de esa piel que se besa, e invitando a la pareja a disfrutar de la experiencia amatoria a través de los sentidos. Una buena amante disfruta del olor de su pareja, el olor del deseo provocado por su cuerpo.

Una buena amante es aquella que es más sensual que sexual.

PRECAVIDA

Una buena amante tiene todo a la mano, el lubricante, el preservativo y hasta el vibrador, de tal forma que la pareja no se tiene que detener en plena acción y romper el momento. Es aquella que cuida que las sábanas estén limpias, que siempre usa ropa interior atractiva ya que no sabe cuándo la mostrará.

CONFIANZA

Una buena amante es aquella que hace a su pareja sentirse amado, deseado, necesitado, con la que se siente a gusto. Es la que sabe guardar secretos, la que puede sorprenderte, lo mismo con una bella carta que con un roce de piernas debajo de la mesa. Es en quien puedes confiar plenamente, aquella a quien entregarías tu alma porque sabes que la cuidará más que a sí misma.

Una buena amante entiende cuando el otro no puede...

CREATIVA

Una buena amante es aquella que te puede proponer nuevas ideas, posiciones, lugares y momentos para hacer el amor. Es quien comienza el juego erótico en la cocina, el elevador o el auto. Quien no espera la última hora del día para comenzar a hacer el amor, sino que tiene en la mente, durante el transcurso del día, la posibilidad de un encuentro sexual, y lo concreta apenas puede. Es aquella que sabe cuáles son las fantasías de su pareja y se toma el tiempo para tratar de llevarlas a cabo.

ACTITUD

Para ser una buena amante, lo más importante es la actitud. Proyectar seguridad, alegría, pasión, emoción. Ser una persona con quien se antoja estar. Una mujer que es divertida, que desea pasarla bien y que su hombre la pase bien. Una mujer que no se asusta ante el sexo, que tiene apertura para escuchar ideas nuevas.

Una mujer que está dispuesta a experimentar seguramente será una buena amante.

INTUICIÓN

Una buena amante es aquella que está alerta y pendiente de las necesidades de su pareja. Tiene buena intuición para saber en qué momento tomar el control, ya sea porque su hombre está cansado o aburrido, y en qué momento depositar el control en el otro, porque necesita poder y sentirse fuerte ese día.

CONOCIMIENTO

Una gran amante conoce su cuerpo y sabe qué le gusta y cómo darse placer; no tiene inhibiciones porque sabe que el gozo es un derecho y hay que luchar por él; le gusta quien es y cómo es.

Una gran amante está al tanto de lo que su hombre prefiere y le hace el amor como a él le gusta, ya que conoce su cuerpo, sus zonas erógenas, sus debilidades y fortalezas.

DIVERSIÓN

Una gran amante sabe divertirse, se atreve a hacer un *striptease*, aunque no sea una gran bailarina; acaricia a su hombre en las partes prohibidas por debajo de la mesa.

Sabe que reír es un buen afrodisiaco y lo utiliza para incrementar el placer.

EMOCIÓN

Una mujer pasional, no únicamente en el sexo sino en la vida cotidiana, es aquella que, de vez en cuando, lo sorprende con posiciones o juguetes eróticos. Es quien está dispuesta a jugar, a disfrazarse, a salir de lo cotidiano para hacer cosas nuevas y emocionantes. Un poco de intriga es interesante.

INFORMADA

Una buena amante está a la vanguardia, no se asusta cuando en la plática se comenta sobre lugares o costumbres sexuales nuevas y diferentes, aunque no tiene que realizarlas. Se atreve a investigar fantasías y deseos de su pareja.

Es aquella que puede mantener una conversación agradable e inteligente, que se cuida de estar bien informada acerca de los temas que a su pareja le interesan.

Concretando:

- Sé una excelente escucha.
- Sentirte sexy es el primer paso para que lo seas.
- Ponte al día en información sobre sus fantasías y cúmplelas si es que a ti también te complacen.
- Infórmate de nuevos juegos eróticos y nuevas técnicas de seducción.
- Conoce las necesidades de tu pareja.
- Toma el control en el momento adecuado; si tu pareja está cansada o aburrida, lleva las riendas; pero si necesita una dosis de autoestima, deposita el control en él.
- Expresa tu placer con las manifestaciones verbales que te acomoden.
- Tómate tu tiempo para acariciar, dar un masaje o simplemente escucharlo si él lo necesita.
- Abandónate al placer sin estar continuamente preocupada de que el método anticonceptivo puede fallar (antes cerciórate de que funcione).

- Prueba y propón nuevas posiciones sexuales, lugares intrépidos y juguetes sexuales.
- Cuida tu aspecto personal, pero no te obsesiones por él.
- Cuida tu higiene íntima.
- Elige la ropa interior que a él le gusta, o sorpréndelo sin colocarte ropa interior bajo tu abrigo.
- No temas experimentar cosas nuevas, pero tampoco pierdas tus valores.
- No hagas algo que no te guste. El sexo es cosa de dos.

Preguntas

Respuestas masculinas a la pregunta: ¿Qué hace a una buena amante?

"Una amante excelente es la que siempre esta dispuesta a disfrutar."

"Mi mejor amante fue una mujer que siempre sonreía."

"Considero una excelente amante aquella que se preocupa por mi placer, que me hace sentir especial, que me hace sentir un buen amante."

"La mejor amante es la mujer con la que puedo compartir fantasías sexuales, aunque no las realice."

"Una buena amante no sólo se da en la cama, no sólo la atracción y admiración surge con base en el sexo; amo a una mujer independiente, comprensiva, inteligente, bien informada."

"A una buena amante le gusta dar sexo oral."

"Que el sexo sea prioridad en su vida como en la mía."

Algo más…

Cuidado con las expectativas, quizá tú eres una buena amante y tu pareja no lo reconoce o no quiere reconocerlo.

Una buena amante es aquella que desarrolla a conciencia, con el alma y el cuerpo, toda su capacidad erótica, para compartirla con su amado.

Es importante conseguir que alguien te ame, que confíe plenamente en ti y que desee darte placer; y sólo se consigue si tú, a tu vez, amas, deseas dar placer y confías plenamente en la persona que te acompaña.

GUÍA DE PLACERES PARA MUJERES

¿Cuáles de las características antes mencionadas tienes? ¿Cuáles no? ¿Cuáles quisieras tener? ¿Cuáles crees que nunca podrías adquirir? ¿De cuáles de ellas te atreverías a pedir opinión a tu pareja? ¿Qué te falta para ser una buena amante, o ya lo eres?

14 Las profesionales hablan...

Si necesitas arreglar un problema legal ¿a quién contratas? Al mejor abogado, por supuesto. Si necesitas un diagnóstico médico ¿visitas al mejor doctor? Si quieres la mejor información con respecto al placer y la vida sexual ¿a quién acudes? A una profesional en el sexo. Y ése es el propósito de incluir un capítulo como éste en el libro, ya que otros profesionales pueden colaborar con la información que te presento.

Decidí entrevistar a un grupo de mujeres profesionales (prostitutas) que aseguran ser muy buenas en lo que hacen. Y esto es lo que me comentaron. Abre tu mente y podrás aprender cosas nuevas:

> Muchos de mis clientes llegan a visitarme a las 8:00 p.m. Dicen que es la peor hora para llegar a casa: "Mi mujer está nerviosa, alterada, enojada y cansada del trabajo y de los niños. A esa hora sólo me recibe con problemas". A veces, sólo necesitan un masajito y relajarse con un buen orgasmo".

Esta queja es muy común en los hombres. Dicen sentirse malogrados cuando, después de un día de trabajo pesado, al llegar a casa, lo que encuentran es una mujer cansada y malhumorada, agobiada y llena de problemas que, de inmediato, comienza a quejarse. Mencionan que les gustaría ser recibidos por mujeres arregladas, perfumadas y con ganas de escuchar y compartir, más que de hablar, lamentarse y señalar errores.

> Me ha tocado que llegan hombres con ideas muy concretas de lo que quieren hacer. A veces dicen que se lo propusieron a sus

mujeres y ellas no lo hicieron o se burlaron de ellos. Una vez, un hombre me hizo que me pusiera un uniforme de enfermera (que él traía) y que lo tratara como un enfermo, para después disfrutar del sexo sin quitarme el uniforme.

Para muchos hombres el deseo de hacer algo diferente los excita, y al platicarlo con sus parejas reciben burlas o, sin discutirlo siquiera, una negativa rotunda. No quiere decir que cuanto nos propongan tenemos que hacerlo, pero tal vez, en muchos momentos de nuestra vida, ellos son divertidos, creativos y juguetones y nosotras fácilmente les rompemos las alas para volar.

Por otro lado, es importante mencionar que en investigaciones sobre fantasías sexuales se ha encontrado que, para muchos hombres, las mujeres uniformadas son muy excitantes. Incluso existen lugares en Chicago y Miami donde, por teléfono, se relata una fantasía erótica, describiendo la mayor cantidad de información posible: el lugar, la ropa, el olor, la mujer u hombre de su sueño para que al día siguiente puedan acudir a la cita ideal.

Las fantasías no siempre se comparten y pocas veces se realizan. Una forma de incrementar el juego sexual en pareja y salir de la monotonía, sería platicar con tu pareja acerca de sus fantasías y las tuyas e intentar realizarlas.

Quizá sea algo sencillo y tu pareja se sentirá halagado por tu interés.

Los hombres se quejan de no poder hablar sobre sexualidad y deseos con sus parejas. Eso obstaculiza el placer, crea miedo. Permítanles expresarse y desinhíbanse.

Si pudiera hablar con la esposa de algún ejecutivo importante, le diría que lo amarre, les encanta, al menos eso he visto yo con mis clientes. Conozco varios que me piden que yo haga todo. Ellos se tienden en la cama y yo soy la que dirijo la relación.

Algunos hombres (especialmente aquellos que durante el día se la pasan dando órdenes) desean que sus parejas participen más en la relación, que propongan cosas nuevas y que, de vez en cuando, tomen la responsabilidad del desarrollo de la relación sexual. Delegar el control puede ser muy excitante para este tipo de personalidades.

Esto nos habla de la necesidad que tienen los hombres de que su pareja se exprese libremente en el terreno sexual. (En ninguna forma resta su poder, sino que lo fortalece, ya que únicamente una persona lo suficientemente segura es capaz de abandonar su propio control.)

La oferta es: Propongan ideas nuevas, lugares diferentes, un masaje, un baño; luego tomen el poder para dejar que su pareja sea el actor pasivo de vez en cuando.

Soy especialista en sexo oral. ¿Y saben por qué? Porque mis clientes dicen que lo hago excelente. Yo estuve pensando a qué se debía. Y, aunque llegué a varias conclusiones, me ha sorprendido lo que ellos me dicen: "El éxito no está en la técnica que utilizas, sino en la actitud que tienes ante lo que haces. Sobre todo, la forma en que lo disfrutas".

Me dicen Chispita y creo que mi éxito está en innovar. Jamás hago el amor a un hombre de la misma manera. Varío, no sólo de posiciones, sino de escenarios. Averiguo un poco de sus gustos y preferencias y trato de cumplir.

La monotonía que surge en las relaciones de pareja que llevan muchos años juntos provoca hastío y aburrimiento. Ser creativa es un arte que vale la pena experimentar. La monogamia no tiene que ser sinónimo de monotonía. No tenemos que cambiar de restaurante, sino variar los alimentos. Velas, olores, música, escenarios, bebida, posiciones, ropa interior sexy, pueden ayudar bastante.

Creo que muchos hombres regresan a mí porque les doy seguridad en su belleza y sobre todo en su erección. Acostumbro llenarlo de elogios. Y si aparece un problema de erección, lo relajo y no le doy importancia, sigo con las caricias, sin presionar.

Los hombres tienen un gran temor a perder la capacidad de erección de su pene. El estrés, la angustia, la ansiedad por un buen desempeño, el miedo al rechazo, excesiva preocupación por satisfacer a la mujer y trastornos de salud, entre otros factores, pueden provocar la pérdida de erección.

La anticipación de un episodio de fracaso pasado puede ser desagradable. Lo más importante es aliviar la ansiedad. Relajarse y tener relaciones sin exigencias, con caricias efectivas y la ayuda de fantasías eróticas puede ayudar.

Ser sensual es mi lema y hacer cosas fuera de lo esperado es mi éxito.

Al preguntarle a un hombre qué es lo que más le agrada de una mujer, la mayoría no habla de belleza física, sino de actitud.

Vivir como una mujer sensual, percibir el mundo a través de los sentidos, y estar consciente de ello, hará de cualquier candidata una mujer sexy.

Lo predecible puede ser aburrido, lo inesperado es interesante y curioso.

Intenta innovar. Sorprender.

La práctica hace al maestro, dice una frase célebre y sí lo creo. Todos los días aprendo cosas nuevas.

Muchas mujeres quieren ser buenas amantes, pero sólo tienen relaciones sexuales de vez en cuando, sin ninguna intención de innovar y mucho menos de aprender. Me ha tocado llegar a pláticas en las que alguna mujer me dice: Tengo veinte años de casada. ¿A poco me puedes enseñar algo nuevo?

Creo que el placer se puede potenciar aprendiendo técnicas, conociéndonos mejor a nosotras mismas y a nuestra pareja. Si somos conscientes de lo que hacemos y vivimos intensamente, podremos disfrutar mucho más de todas las experiencias sexuales.

Me considero una excelente amante porque, aunque no lo creas, hago el amor no con mis genitales sino con mi alma. Trato de dar lo que el otro necesita. Tengo una sensibilidad especial para saber cuándo quiere sexo oral o penetración. Pero, sobre todo, lo que hago, lo hago con todo mi ser.

La entrega total se siente y se aprecia. Cuando estamos en cuerpo y no en alma en la relación sexual, ellos lo notan.

Si queremos experiencias más plenas, dediquémosle tiempo, cuerpo y alma.

Un día llegó una mujer y me pidió que le enseñara todo lo que sabía, quería ser una buena amante para su esposo. Tenía tanto deseo de aprender como vergüenza de hacerlo. Tuvimos tres sesiones y creo que se fue contenta.

Un hombre pagó diez sesiones sólo para verme masturbarme.

Un hombre me trajo a su amante para que le enseñara cómo le hacía el sexo oral.

Cuando siento que un cliente se está tardando mucho, le acaricio sus testículos, los masajeo y, si puedo, el ano también. A veces hago sonidos de placer y eyaculan rápidamente.

Varios clientes les gusta que penetre con mi dedo su ano mientras les practico sexo oral, hay uno que incluso me trajo un vibrador para penetrarlo analmente, dijo que moría de miedo de contarle a su esposa que eso le gustaba.

15 Diferencias de sexo

Dicen que los hombres son de Marte y las mujeres de Venus; yo no sé si son o no, pero tenemos diferencias elementales en el momento en que definimos amor y sexo.

Los grandes problemas y discusiones, e incluso rompimientos, se deben a una mala comunicación o a sentimientos de frustración o desamor. La realidad es que a veces suponemos que el otro sabe lo que yo necesito, cómo quiero ser tratada, para nosotras resulta completamente obvio, aunque... No, no lo es.

En la medida en que detectemos nuestras diferencias, las respetemos, las comprendamos y las hablemos, seguramente la relación será sana, madura y habrá menos desencuentros amorosos.

Es importante aclarar que algunos puntos te serán familiares y en otros pensarás que tu pareja funciona a la inversa. Toma lo que te funcione. Recuerda que cada pareja es diferente y cada ser también lo es.

1. A ELLA LE EXCITA SENTIR Y ESCUCHAR.
A ÉL LE EXCITA LO QUE VE.

Por qué creen que *Playgirl* fue una revista que no duró en el mercado; porque a las mujeres no nos excita ver a un hombre desnudo, un pene erecto sólo nos simpatiza si nos coquetea. Podemos valorar un cuerpo bello, pero no nos excita. Nosotras necesitamos los detalles, los besos, las caricias y escuchar que nos aman, nos adoran y somos la cosa más bella de esta tierra.

2. ELLA QUIERE APAPACHO, NO SIEMPRE SEXO. PARA ÉL, SI LOS APAPACHOS COMIENZAN, TERMINARÁN EN UNA RELACIÓN SEXUAL.

Un diálogo en pareja:

Ella: –Sólo quiero estar contigo, abrazarnos, acurrucarnos y dormirme, eso es lo que yo necesito, eso es lo que se me antoja.
Él: –No entiendo ¿quieres que comencemos a excitarnos y bloquearlo después? No tiene sentido.
Ella: –¿Quién habló de excitarse?
Él: –¿No quieres que te abrace?
Ella: –Sí, sólo eso.
Él: –Eso no me funciona.

Para la mujer es muy fácil establecer la diferencia primaria y esencial entre la unión fraternal y hacer el amor; para el hombre, una vez que empieza la cercanía, el hecho de intimar está sobrentendido.

3. SI ELLA DEMANDA MUCHO SEXO, ÉL SE PONE FELIZ. SI ÉL QUIERE MUCHO SEXO, ELLA SE ALEJA, PUES SE SIENTE ACOSADA.

Un número importante de mujeres se ha quejado de que ellos únicamente piensan en sexo: "me subo al elevador y tiende su mano para acariciarme un seno; le agarro la mano cuando estamos viendo la televisión y en poco tiempo la dirige hacia su pene; externo cualquier comentario y lo relaciona con sexo. Un joven me dijo que él ya sabía por qué lo excitaba tanto Acapulco. "¿Por qué?", pregunté. "Por las gaviotas", respondió. "¿Las gaviotas?", inquirí. "Sí, parecen vaginas que se abren y se cierran." "Guau…".

Las estadísticas aseguran que un hombre piensa en sexo al menos un minuto entre cada hora. En el momento en que compartí ese dato con hombres jóvenes, me dijeron que es mucho más que eso.

4. ELLA QUIERE JUEGO PRESEXUAL. ÉL QUIERE UN ORGASMO.

"Si para llegar a una relación sexual tengo que pasar por el juego presexual que así sea, pero no lo necesito tanto como ella."

A ella le cuesta trabajo pensar que *un rapidito* pueda satisfacer las necesidades de intimidad de él, pero así es.

5. ELLA NO TOMA LA INICIATIVA. ÉL QUIERE QUE ELLA TOME LA INICIATIVA.

Ella espera que él proponga y disponga. Cuando él tenga ganas, cuando se le antoje. Unas por vergüenza, otras porque no tienen deseo, pero la mayoría de las mujeres no inician la relación sexual.

Para ellos, el sexo es amor; entonces consideran que si ella no inicia nunca la relación, muy probablemente se deba a que no lo ama; el resultado de un hombre que se siente rechazado es la pérdida considerable de ego masculino.

6. SI ELLA ESTÁ ENOJADA NO PUEDE TENER UNA RELACIÓN SEXUAL. SI ÉL ESTÁ ENOJADO, POR MEDIO DEL SEXO SE PUEDE CONTENTAR.

Cuando una mujer se enoja con su pareja, no puede imaginar tener intimidad; el enojo bloquea el placer femenino. Tiene que haber armonía para que ella pueda entregarse.

Para él, una forma de procesar emociones y contactar con sentimientos, es a través del sexo.

Me trató mal frente a los niños, llegamos a casa y comenzó a bromear para saber hasta dónde iba mi enojo; no le hice caso. Al entrar en la cama, comenzó a acariciarme. ¿Cómo se le ocurre que voy a responder a sus caricias, qué se cree?

Le hice una broma junto con mis hijos, se sintió mal y me di cuenta, traté de acercarme íntimamente para que ya no estuviese enojada y ella me hizo a un lado. ¿Quién se cree que es?

7. SI ELLA ESTÁ CANSADA NO PIENSA EN SEXO. SI ÉL ESTÁ CANSADO PIENSA EN SEXO COMO UNA FORMA DE RELAJARSE.

El cansancio es uno de los factores que más baja el deseo en las mujeres. Una mujer agotada después de un día de trabajo, casa e hijos, lo que

115

quiere es llegar a su cama y dormir. Para conectarse con el sexo o lograr un orgasmo requiere de un esfuerzo que el cansancio simplemente no le permite.

En el caso de los hombres, el orgasmo los relaja y les permite dormir tranquilamente. El esfuerzo previo no los limita.

8. SI ÉL CAMBIA DE RITMO Y PRESIÓN CUANDO ELLA ESTÁ LLEGANDO AL ORGASMO, ELLA LO PIERDE. ÉL CAMBIA DE RITMO Y PRESIÓN PARA LOGRAR CONTROLAR LA EYACULACIÓN.

Cuando la mujer está llegando al orgasmo necesita que no se interrumpa la fricción sobre el clítoris. El ritmo y la velocidad con que el pene se mueve, no debe modificarse en ese preciso instante ya que eso provoca que el orgasmo de la mujer se diluya, y no siempre es posible volver a conectarse.

Los hombres utilizan el cambio de posición y el detener el movimiento como un elemento para relajarse y controlar su nivel de excitación.

9. EN GENERAL, A ELLAS NO LES GUSTA LA PORNOGRAFÍA. A ELLOS, LES ENCANTA LA PORNOGRAFÍA.

La pornografía, en el 90% de los casos, está hecha para el disfrute de los hombres; sin embargo, las escenas grotescas, sexo duro, fantasías realizadas en pantalla y otras características donde los tabúes y la culpa entran en juego, pueden ser elementos no muy agradables para un gran número de mujeres. Ellas quieren películas donde haya una historia, amor y pasión; también sexo, pero justificado. Escenas donde la eyaculación de un gigantesco pene cae sobre la cara de una mujer con el rimel corrido, la penetración anal, dos penes en la vagina y más, no son acciones particularmente excitantes para ellas, ya que incluyen el uso y la sumisión (si desean ver pornografía juntos, pidan películas más eróticas y sensuales que sexuales). Muchas mujeres, incluso, se sienten celosas y se molestan si sorprenden a su pareja disfrutando de la pornografía.

Entiendan que ellos han estado en contacto con ese mundo desde que son jóvenes. Comprendan que los hombres son tremendamente visuales: ver los excita. Masturbarse ante la escena de su propia fantasía hecha realidad en la pantalla, puede aliviarlo. Qué te importa quién prepara el pastel, si la que se lo come eres tú.

10. ELLA OFRECE SEXO PARA LOGRAR AMOR.
ÉL DA AMOR PARA LOGRAR SEXO.

Aunque en este punto generalizamos y estigmatizamos, en numerosos casos, así sucede.

Ella se siente valorada, amada, deseada y tomada en cuenta cuando él le propone sexo, y eso la hace sentirse bien.

Él está dispuesto a demostrar amor, cariño, atenciones, detalles porque con ello, al final, logrará un encuentro sexual. Y eso lo hace sentirse muy bien.

11. ELLA NECESITA ESCUCHAR CONSTANTEMENTE DE LOS LABIOS DE SU PAREJA CUÁNTO LA AMA, CUÁNTO LA NECESITA, CUÁNTO LA DESEA, VARIAS VECES POR DÍA Y DURANTE TODOS LOS DÍAS.

Él la ama, la necesita y la desea, pero ya se lo dijo el mes pasado. ¿Cuántas veces se lo tiene que repetir?

Las mujeres perdemos con facilidad la autoestima, por cánones sociales, por educación, por presión... y es por eso que necesitamos que continuamente nos digan que lo que hacemos lo hacemos muy bien, lo mucho que nos quieren y nos adoran. Eso nos da fuerza y ánimo.

Ellos son mucho más prácticos, una vez que ya dijeron algo no sienten la necesidad de repetirlo. ¿Acaso no creen en su palabra?

12. ELLA SE EXCITA COMO PLANCHA, ÉL COMO INTERRUPTOR.

¿Cómo se calienta una plancha? La conectas, la prendes, pero no se calienta de inmediato, *taaarda* en encenderse por completo. Una vez que quieres apagarla, sin género de duda tardará, en enfriarse. Así es la mujer. Nos lleva un tiempo considerablemente mayor que a ellos el lograr estar "a punto". (Se calcula que la mujer necesita entre 10 y 20 minutos de excitación y estimulación para poder llegar al orgasmo, aunque algunas suertudas lo hacen más rápido.)

Él es como un interruptor, lo tocas y el foco se prende de inmediato y comienza a calentarse. Mejor aún, acaba y se apaga tan rápido como se prendió. (Se calcula que el hombre tarda entre 3 y 10 minutos para llegar al orgasmo.)

Esos tiempos están desfasados en cuanto se refiere a la igualdad de obtención de placer. Él tendrá que aprender a controlar durante más tiempo su necesidad de penetrar y ella a acelerar su orgasmo.

13. AL TERMINAR, ELLA QUIERE APAPACHO Y RECONOCIMIENTO. AL TERMINAR, ÉL RECHAZA EL CONTACTO FÍSICO Y SÓLO QUIERE DORMIR.

Isabel me comentó: "Cada vez que terminamos de hacer el amor, él se voltea y se duerme. Qué forma de decirme que no le importo, me siento usada y poco valorada". Este comentario es frecuente entre las mujeres; no es justificación pero a los hombres les da sueño después de hacer el amor, ya que su cuerpo se relaja muy rápido después de un orgasmo, pero si Isabel tiene la necesidad de apapacho y reconocimiento al terminar la relación sexual, lo debe pedir, comprendiendo que su hombre se siente muy cansado, ya que el intercambio químico que acaban de tener, le produce un nivel de extenuación y sueño sin precedentes. Esto cuando el acto fue realmente bueno.

Lou Pager, en *The Big O*, menciona:

> Muy seguido, las mujeres me preguntan por qué los hombres se duermen luego de tener sexo. Deduciendo, coloca a alguien en una habitación obscura al final del día, ofrécele una tremenda sensación física que resulte en una completa relajación y es probable que se duerma. Piensa en cómo te sientes después de un masaje: ¿de verdad quieres salir a bailar?.

¿Cuántas de estas diferencias te han causado problemas o resentimientos? ¿Cuántas de ellas notas en tu relación? ¿Crees que hay diferencias irreconciliables?

Cómo mantener el interés de nuestra pareja

Durante el periodo de enamoramiento no vemos defectos, y si aparece alguno lo minimizamos de inmediato. Proyectamos en el otro nuestras ilusiones y fantasías.

Cuando el estadio de enamoramiento se vuelve débil, comenzamos a ver cosas que no nos gustan de nuestra pareja; de pronto, nos damos cuenta de que es un ser humano, comete errores y tiene defectos. Aquellas faltas que antaño hicimos menos, ahora nos parecen defectos de carácter intolerable.

Surgen entonces el desengaño y la decepción... es el momento para reflexionar y ponerse a trabajar.

El enemigo de la pasión es la rutina, la monotonía, por lo que es importante que aprendas a sorprenderlo. Los días son iguales: se sirve el desayuno, lee el periódico, se sienta en el mismo lugar, se rasura mientras ella se maquilla, se habla de temas prefabricados; no hay sorpresas, no hay emociones nuevas, el tedio le sigue al aburrimiento y el hastío comienza.

Hay que ser creativos, no caer en la rutina, buscar cosas nuevas, inventar situaciones, viajar juntos. En el aspecto sexual no se deben limitar y, mientras ambos estén de acuerdo, jueguen, sean conscientes de las necesidades de su cónyuge y fantaseen lo que quieran.

LOS CAMBIOS HACEN LA DIFERENCIA

¿Aburrida de tu pareja? Piensa si él no estará aburrido también. ¿Se le antoja estar contigo? ¿Tú elegirías ser tú amiga? ¿Eres atractiva? ¿Te caes bien? ¿Eres agradable? ¿Eres interesante? ¿Tienes cosas que ofrecer?

Jugar y reír, divertirse

Los momentos de alegría hacen que la pareja se sienta cómoda y feliz de estar junto a la persona escogida. Además de compartir las cargas de la vida común, no hay que olvidarse de disfrutar con el otro y hacerlo sentir bien. Las endorfinas que genera la risa nos contactan con el placer, nos llenan de energía, de vida y esto se puede hacer costumbre, uno puede acostumbrarse a reír y divertirse.

Alentarse mutuamente

Estar casados no significa que no necesiten impulso. Todos lo necesitamos. Escuchar que alguien cree en ti marca una gran diferencia en cómo te sientes.

A tu pareja le ocurre lo mismo... Apóyense mutuamente: las palabras de aliento son el alimento del corazón y todo corazón es un corazón hambriento.

Todos necesitamos ser levantados cuando estamos decaídos. Las parejas exitosas, las que logran perdurar a pesar del paso del tiempo, se animan entre ellos con mucha más frecuencia que en el rango natural de relaciones, en donde en lugar de ánimo, hay quejas y reclamos. Reconoce las cosas que das por hecho en tu pareja: es un buen amante, un buen hombre; céntrate en sus virtudes y no en sus defectos: su buena disposición para entregar su parte de la mensualidad, su cuerpo, su buen humor, su compromiso por el proyecto de vida que planean juntos, etcétera.

Crea un entorno positivo

Demuestra tu amor. Dile cosas lindas por lo menos una vez al día. El hacer evidente tu cariño los unirá más y reforzará la relación. Ten detalles con él —no siempre tiene que ser algo material. (Calienta la toalla en la secadora antes de que se seque, realiza alguna tarea que a él le corresponda cuando lo ves cansado, arregla sus camisas por colores, calienta el área de su cama acostándote ahí, ponle gasolina a su auto, etcétera.)

El hombre se enamora basándose en cómo se siente cuando está a tu lado, hazlo sentir muy bien.

Una imagen atractiva

Sabemos que los hombres son muy visuales, que no resisten las ganas de contemplar un cuerpo hermoso ni una bella sonrisa. Pintarnos la boca antes de que llegue a casa, recibirlo con una sonrisa y no con quejas (recuerda que la hora en que más hombres visitan a las prostitutas es a las 8:00 p.m., pues se cree que no quieren llegar a casa), un poco de perfume aquí, una cepillada de pelo por allá, acompañada de una piyama sexy (no una matapasiones), serían una buena combinación.

Contacto físico

Acarícialo mientras platican o ven la TV, bésalo y sorpréndelo con pequeñas manifestaciones de cariño, sobre todo frente a otros. Las parejas triunfan cuando se tocan, se abrazan, se estrujan, se hacen mimos, se acarician, se toman de las manos, se rodean con los brazos. Estas manifestaciones de cariño le dicen al otro, me interesas, te quiero, te valoro, me gustas, sé que estas aquí, te veo, te amo.

Muestra interés en él

Valóralo, admíralo. Pregunta cómo está, qué tal se siente con un interés genuino.

Cuando estén platicando, apaga el teléfono celular y descuelga el teléfono de casa. ¿Para qué? "Para ponerte más atención".

Escucha sin juzgar, no critiques, no des consejos a menos que él los pida.

Pasen momentos juntos

Sin amigos ni familiares; la forma en que pasamos nuestro tiempo revela lo que es realmente importante para nosotros. Las parejas que triunfan no se agobian ni aburren al estar juntas, y no tienen la necesidad de que haya terceros que funcionen como un paliativo ante el fastidio. Leen juntos, desarrollan intereses compartidos: un deporte, un proyecto de servicio comunitario, una clase de música, el teatro.

Pasen un fin de semana a solas en un lugar donde haya chimenea, intimidad, donde se reencuentren. Una noche a la semana SOLOS, sin hablar de problemas, sin tratar agendas pendientes, tratando de hacer lo que hacían cuando eran novios, cuando estaban enamorados.

Muchas mujeres se quejan de que sus hombres ya no las tratan "como cuando eran novios", aunque no mueven un dedo para modificar esa situación. Con lamentos, reclamos y agresividad no conseguirás que tu hombre modifique su conducta en este aspecto, todo lo contrario.

Cuida los detalles

Recuerda que son importantes para mantener viva la relación; de esta forma, le estaremos recordando a nuestra pareja cuánto significa para nosotras. Rosas, velas, champagne, vino tinto, ropa interior sexy, música de tonos sensuales, perfume en la almohada...

Para perfeccionarte como amante debes adquirir nuevas técnicas eróticas; ábrete a experiencias nuevas, investiga fantasías para realizarlas.

¿Qué sucede cuando un hombre o una mujer tienen un amante?

Su humor es maravilloso, están contentos, emocionados, se arreglan esmeradamente, se compran ropa nueva, adelgazan, dedican tiempo para complacerlo/a. Son más cariñosos con la pareja. En fin, que ven satisfecho un deseo que su propia compañera o compañero no quiere o no puede darles.

Piensa cómo conquistarías a un amante, como lo cuidarías y hazlo con tu pareja.

No esperes hasta mañana haz algo nuevo hoy

¿DE QUÉ SE QUEJAN SEXUALMENTE LOS HOMBRES?

Muchas mujeres se esfuerzan durante su vida para convertirse en buenas amantes, para satisfacer las necesidades y deseos sexuales de sus parejas. Pero muchas veces no saben dónde o en qué pueden mejorar. La mejor forma de saberlo sería preguntarle a su pareja.

Cada hombre es diferente. Cada hombre tiene su historia personal, sus recuerdos íntimos, agradables o desagradables, que van haciendo su propio mapa erógeno. Lo que a algunos les gusta a otros no. Elaboré esta lista después de escuchar a cientos de hombres; pero estoy segura de que si le enseñáramos la siguiente lista a un grupo de hombres, eliminarían algunos puntos y agregarían otros tantos.

Éstos son los puntos negativos que consideran más significativos:

1. Que las mujeres actúen como si no les gustara el sexo.

- Comentarios denigrantes con respecto a los hombres, a la flojera que les da el mero hecho de pensar en acostarse con él o, tajantemente evitar el contacto íntimo, colocando en una situación depresiva a la pareja.
- Todo lo relacionado al sexo es cochino, sucio y corriente.

- Se resisten constantemente a hacer el amor.
- Cuando hacen el amor, actúan como si estuvieran haciéndole un favor.

Para el hombre, la sexualidad es una parte increíblemente importante de la vida, el gran motor que lo mueve. Lo remonta a la intimidad, a la aceptación, pero también lo vuelve vulnerable. Las mujeres que actúan como si no les gustara el sexo los hacen sentir como malos, sucios y avergonzados de su propio deseo. Después de ser humillados y ofendidos de esta forma, muchos mencionan dudar si son lo suficientemente hombres como para generar deseo en la pareja. Se autoflagelan con la culpa de no poder lograr que su mujer tenga un orgasmo, de sentirse repulsivos y poco atractivos sexualmente, en fin, los destruye. Pero no por mucho tiempo, no pasará mucho antes de que el hombre acuda a una amante o prostituta para sentirse querido y reafirmar su hombría y seguridad ante la vida.

SUGERENCIA

Permítele ver tu lado sensual: no sólo disfruten del sexo en la cama. Dile cuánto lo quieres y admiras, platícale lo que deseas que te haga en la cama, demuéstrale con actos tus palabras, elimina mitos para contactarte más con su cuerpo y verás cuán grato y maravilloso será abandonarte con él en un mundo donde el placer no está prohibido, no es malo ni sucio.

2. Que la mujer los responsabilice de su propio orgasmo.

Al hombre le gusta ser partícipe del orgasmo de la mujer, pero si ella no lo logra no quiere ser el único responsable, aunque eso es lo que siente la gran mayoría. Si nosotras estamos educadas de esa forma, ellos también: un hombre que no logra que su mujer tenga un orgasmo, es un amante fallido; eso, hasta que la angustia traspasa la culpa hacia la mujer: seguramente es frígida. Él espera instrucciones, peticiones, insinuaciones... qué hacer.

A los hombres no les gusta que esa cantidad de presión recaiga sobre sus hombros, temen fracasar y hasta pueden no lograr una erección.

Ni el mejor amante del mundo es responsable del orgasmo de su pareja. Ella sí lo es. Tiene que indicarle qué necesita y desea, para que él ayude a que ella lo logre.

SUGERENCIA

Aprende a conocer tu cuerpo y pide lo que necesites para poder llegar al orgasmo. Conéctate con la excitación y las sensaciones placenteras y aprende en qué circunstancias deben ser ejecutadas y, por favor, díselo.

3. Que la mujer nunca tome la iniciativa en el sexo.

Las mujeres muchas veces actúan pasivamente, esperan que su pareja les diga cuándo, cómo y dónde.

Hay que entender que cada acercamiento es un riesgo emocional ¿por qué siempre tienen ellos que cargar con ese fardo?

La responsabilidad de la calidad sexual es de ambos y el hecho de que la mujer no tome la iniciativa resulta una carga para él.

SUGERENCIA

La mayoría de las mujeres no toman la iniciativa sexual, pues la educación social nos dice que una mujer que se comporta de esa forma es una perdida. Haz un esfuerzo por olvidar ese absurdo grillete que te encadena; conéctate más con la sensualidad y, de vez en cuando, comienza tú con caricias o atenciones. Créeme que él se sentirá halagado y será más cariñoso.

Agéndalo, señala en tu semana un día dedicado a seducirlo con llamadas o mensajes y proponte en la noche provocar una relación sexual.

4. Que pasen días y semanas sin que hagan el amor.

A los hombres hacer el amor les da seguridad y los relaja, los hace sentirse valiosos y a gusto con ellos mismos.

Los reafirma como entes masculinos, los hace sentirse valorados y amados por la pareja. Cuando en la relación pasa un considerable tiempo de lejanía física, comienzan a deprimirse y a cuestionar su hombría y el amor que su mujer les profesa. "Si mi mujer no quiere acostarse conmigo, es claro, ya no me ama o tiene un amante." Este pensamiento aumentará dramáticamente si él ha iniciado un acercamiento sexual y tú se lo has negado.

Para ellos, el dolor de cabeza, de estómago, el cansancio, malestar general, depresión, etcétera, no son sino pretextos, excusas y justificaciones para no acostarse con él.

Muchas veces, tras vivir rechazos ante su deseo sexual pueden tener eyaculaciones nocturnas o sueños húmedos que les provocan irritación, pues no fueron placenteros.

SUGERENCIA

Sé consciente y, en lugar de buscar subterfugios, trabaja en la inhibición de tu deseo. Sé amorosa y contáctate con la necesidad de él. Vuelve más atractivos y creativos los contactos sexuales. Salgan solos en las noches. Y, si de plano, son raras las ocasiones en que tienes deseos de tener relaciones sexuales, puede ser un problema químico o que simplemente estás junto al hombre equivocado. El miedo a la soledad nos hace permanecer juntos, aunque no queramos.

5. La mujer que no cuida su apariencia física.

- No se rasura ni depila.
- Tiene mal aliento.
- Come con la boca abierta.
- Masca chicle de manera vulgar.
- No usa ropa moderna.
- Tiene malos hábitos alimenticios.
- Es floja y fodonga.
- Se pone mucho maquillaje.
- Tiene las uñas poco cuidadas, con el esmalte escarapelado.
- Obesa.
- Usa ropa sucia.

SUGERENCIA

Los hombres reaccionan a impulsos sensoriales y es fácil atraerlos, lo más importante, como hemos recalcado, es la vista, después vendrá el olfato y luego el tacto. Así que, si vistes fondonga y hueles mal se pueden desilusionar fácilmente y para siempre. Una buena imagen es básica para ellos.

6. Que la mujer actúe como una muerta en la cama.

"Ahí me avisas cuando termines", es un comentario despectivo que describe esta queja. "No se mueve, no habla, no expresa nada, sólo está ahí, como una muñeca inflable con mala cara", es un comentario común.

Para un hombre es importante ser reconocido como un excelente amante, saber que ha causado impacto; si la mujer no responde de forma física o verbal durante el acto sexual, se siente frustrado. Un mal desempeño. Una molestia. Sabemos que ignorar a una persona es peor que tratarla mal.

SUGERENCIA

Exprésale lo bien que luce, cuánto te gusta lo que hace y cómo lo hace, sólo él podría hacerlo así; háblale de tus fantasías e ilusiones sexuales estamos en el siglo XXI y debemos modificar esa conducta medieval.

Usa tus manos, tu boca y tus dedos en cada momento de placer. Aprende a tocarlo como a él le gusta, dile que te enseñe. Busca zonas erógenas para explorar nuevas formas de excitación y erotismo.

7. La mujer superficial.

Para el hombre, las mujeres que no tienen un tema interesante para compartir en la plática, que no están al día, que no hacen un esfuerzo por ser mejores, y cuyas conversaciones giran alrededor del salón de belleza, las uñas, los niños y su educación, el gimnasio, el chisme y la televisión, son mujeres aburridas.

Puede ser que no lo admita, pero una mujer poco interesante termina por cansar a cualquiera, por más hermosa que sea. Podrá ser deseada sexualmente, pero nada más querrán compartir sexo con ella, sin que hable, y eso mermará, por mucho, la calidad de la relación. El hombre necesita sentirse orgulloso de la mujer con la que comparte su vida. Una buena conversación lo estimula, no sólo mental sino físicamente.

SUGERENCIA

¡Manos a la obra! Comienza a leer el periódico, libros, busca en internet. No tienes que ser una maestra pero sí saber lo que sucede a tu alrededor. Toma alguna clase de un tema que le interese, él estará encantado.

8. A la mujer que no le gusta el sexo oral.

La peor de las maldiciones. Algunos resultados de encuestas masculinas nos han informado que los hombres eligen el sexo oral como la actividad favorita cuando hablamos de placer sexual.

SUGERENCIA

Si le dices a tu hombre que no le realizarás el sexo oral ya que su pene huele mal, las consecuencias serán funestas. Si le confiesas que según tu educación sólo las "malas mujeres" realizan ese acto, lo desilusionarás enormemente. Si deseas intentarlo, pero aún te da asco, puedes empezar colocando un condón de sabor. O hacerlo en posición de 69, mientras él te realiza el sexo oral a ti, en ese *quid pro quo*, puede haber un nivel importante de excitación que te permita desinhibirte.

Recuérdalo, no es malo, no huele mal, huele a pene, es su olor natural y, sobre todo, al él le fascina a niveles insospechados. Si tú quieres que él cambie y sea mejor como pareja, hazlo tú también.

OTRAS QUEJAS COMUNES SON:

- Que se exprese de forma vulgar.
- Que hable de su vida sexual con las amigas.
- Que la mujer dirija la relación sexual como si fuera un policía de tránsito.
- Que la mujer sea sugerente durante el día y en la noche no desee el contacto.
- Que la mujer se tarde en el baño despintándose o que siempre le duela la cabeza.
- Que la mujer esté constantemente preocupada por su cuerpo y no pueda gozar (narcisismo) de él.
- La mujer que no sabe gozar, que realiza el sexo sólo por complacerlo a él, para que no se vaya.
- La mujer que está constantemente autocriticándose.
- Que no pueda hablar de sexo con su pareja porque se ofende o no lo entiende.
- Una mujer a la que todo le da asco y no está dispuesta a ser creativa en la cama, aquella demasiado tradicional.

— La mujer que está constantemente parloteando, que no se calla ni siquiera en la intimidad.
— La mujer que es demasiado seria, que no ríe ni se divierte.
— La mujer que usa la sexualidad para manipular.
— La mujer que habla de sus antiguos amantes.
— La mujer que no es espontánea, aquella que tiene que planear todo.

Vale la pena saber en cuántas de estas quejas caemos y tratar de eliminarlas. Siempre recordando que la salud sexual implica hacer las cosas con las que me siento a gusto, las cuales coinciden con mis valores. Sin olvidar que la pareja incluye a dos. Satisfaciendo mis necesidades y deseos, pero también los de mi hombre.

16 Hoy no tengo ganas... mañana... tampoco

"Anteayer mi esposo quería tener relaciones y le dije que estaba muy cansada; ayer en la noche me dijo que quería tener relaciones y me tardé mucho en el baño; cuando salí, ya estaba dormido pero ¿sabes qué es lo peor?... que hoy tampoco quiero." Éste es un comentario muy escuchado hoy en día.

El deseo sexual en las mujeres ha disminuido, tanto que ya no lo encuentran, está perdido. El estrés, las inquietudes, el nerviosismo y la vida cotidiana las absorbe. Además, han cambiado los roles, hoy las mujeres trabajan y mantienen muchos hogares: este tipo de presión es "antinatural" según algunos estudiosos, y según otros, no tiene nada que ver. Lo cierto es que el número de divorcios se ha incrementado de forma pasmosa y las relaciones humanas continúan siendo complicadas, como siempre lo serán.

Hace algunos años, mi consultorio estaba lleno de mujeres anorgásmicas, hombres impotentes y eyaculadores precoces; hoy, la causa número uno de consulta es la falta de ganas para hacer el amor, en ambos sexos (claro que estamos hablando, en este caso particular, de hombres que no pueden tener relaciones sexuales satisfactorias). A ellas les duele la cabeza todas las noches; a ellos, el cansancio y la presión los agota. Una gran cantidad de personas que sufren de esta anomalía no acuden nunca a pedir ayuda. No hay tiempo para darse cuenta ni para pedir orientación. En ambos casos, resulta socialmente inaceptable. Y el miedo al qué dirán, paraliza.

Muchas pacientes me dicen: "Dame un medicamento para subir la libido". Aunque es cierto que muchos productos prometen ayudar, no es tan sencillo. Es más fácil tomar un medicamento que ponernos a evaluar nuestra vida y nuestra relación de pareja para saber dónde está la raíz del desgano sexual. La falta de deseo por relacionarse sexualmente no aparece de la noche a la mañana; se trata de una historia con comienzo, desarrollo y final.

Muchas veces, las manifestaciones de inhibición sexual tardan en aparecer. Cuando el hombre no entiende qué le pasa a ella y no existe entre ellos un diálogo franco, la pareja comienza a distanciarse. La comunicación es primordial. Después de muchos rechazos él prefiere alejarse, por miedo al fracaso; y ella se queja de que él no la busca. Ella le reclama caricias; él responde mal. Conflicto en puerta.

Si realmente queremos modificar la situación, debemos comprometernos. Hay muchas cosas que podemos hacer. No son recetas mágicas ni consejos rápidos. Lo ideal sería acercarnos a un terapeuta sexual para que nos oriente.

COMENCEMOS...

Lo primero que podemos hacer es realizarnos un examen de sangre llamado "perfil hormonal", que nos dirá en que situación se encuentran *los niveles hormonales* responsables del deseo. Si todo está bien, seguramente el deseo se vio mermado por causas emocionales. Si no, quizá un medicamento recetado por un médico nos regresa el equilibrio

El deseo se genera en el cerebro, pero ¿cómo estimulo el cerebro? A través de los sentidos (vista, oído, olfato, tacto, gusto), son ellos los que van a conducir los estímulos. Películas eróticas, música, palabras, caricias, aromas deliciosos y excitantes, sabores, velas, ropa interior atractiva, aceites corporales, una copa de vino, etcétera. Hacer ejercicio incrementará tu deseo sexual, está científicamente comprobado.

Un elemento que puede ayudar es "ser feliz". Me dirás: "¿qué tiene que ver?". Mucho. Las endorfinas que genera nuestro cuerpo cuando estamos contentos nos acercan al sexo, nos piden más momentos de placer. La pregunta es: ¿Qué has hecho en las últimas semanas para lograr que tu vida sea placentera? ¿De qué manera te consientes? ¿Tienes más momentos de alegría que de tensión en tu semana? ¿Qué has disfrutado enormemente en la cama que quisieras repetir? Si la respuesta es fácil y tiene muchos momentos de alegría, estás en buen camino. Si no, quizá por ahí deberías comenzar. La sexualidad nos habla de goce, de intimidad, pero también de diversión, de sentirnos bien con nosotros mismos, de liberarnos, de ser felices.

Las *fantasías* pueden ayudarnos a elevar la libido. Permitir que nuestra mente vuele por donde quiera, que haya elementos eróticos y placenteros que podamos usar para incrementar la excitación, cambiará nuestro modo de catalogar el sexo.

La *calidad de orgasmo* y placer en la relación es un factor muy importante para disminuir o aumentar el deseo. Si hoy me como un helado y me gusta, probablemente mañana, cuando pase frente a la heladería se me antojará volver a probarlo; así funciona el sexo. Si hoy experimento un buen orgasmo, lo más probable es que mañana se me antoje repetir la experiencia; si no fue tan atractivo, mañana no querré experimentarlo de nuevo. Mujeres que después de veinte años de casadas siguen fingiendo el orgasmo, por supuesto que van a cansarse. Parejas donde la relación sexual se ha vuelto tan monótona que pueden describir paso a paso qué es lo que va a suceder en el encuentro, terminan por hartarse de la convivencia sexual.

Si se pudiera calificar la calidad del orgasmo del 1 al 10. ¿Cuál sería la calidad del tuyo? ¿Y qué podrías hacer para subir ese número?

Embarazo, posparto y lactancia son momentos de cambios significativos en la producción hormonal, que para muchas significa deseo sexual inhibido. Se debe tener comunicación, expresando amor y buscando intimidad de otras formas.

Una de las causas comunes de que el deseo disminuya se debe a la falsa idea de que, a partir de *la menopausia*, la vida sexual desaparece. Es verdad que hormonalmente podemos tener cambios drásticos, pero eso no implica que no podamos tener y desear intimidad. Si éste es tu caso, coméntaselo a tu ginecólogo o endocrinólogo. Existen varios tipos de gel y tratamientos hormonales que ayudarán a contrarrestar las molestias.

La depresión es uno de los motivos más frecuentes de la disminución del deseo sexual. No es que no queramos tener relaciones sexuales, no queremos NADA. Y lo difícil es que casi todos los antidepresivos son supresores del deseo. En este caso, es importante que se lo menciones al psiquiatra que lleva tu caso.

Los problemas de infertilidad son desgastantes, ya que el único objetivo al hacer el amor es que la mujer quede embarazada, dejando de lado el placer y el deseo. Empezar un programa de fertilidad en el que se asignan días y horas para hacer el amor, no es lo más emocionante.

Hay que tener paciencia y alternar meses de tratamiento con meses de descanso.

La disfunción eréctil puede ocultarse bajo el temor y la ignorancia, y confundirse con deseo inhibido. Aparece la disfunción, la cubro diciendo que no tengo ganas, cuando el verdadero problema es otro. Es importante ser sinceros y hablar abiertamente con la pareja estableciendo un ambiente de confianza y comodidad, sin juzgar, con empatía para poder afrontar la problemática. De cualquier forma, ya existe una amplia gama de medicamentos que ayudan con este problema de manera rápida y eficaz.

La eyaculación precoz es un gran problema para muchos hombres y, por ende, para sus parejas. "Me besó, hicimos el amor y a los 5 minutos ya estábamos viendo el noticiario." Si yo no tengo placer, si no me da tiempo para gozar, si sólo él se beneficia de la relación, no tengo ningún interés en el sexo. Hay un nuevo medicamento que ayuda a manejarlo (consulten a un urólogo). Los médicos aseguran que, en el 70% de los casos, se debe a problemas psicológicos. Este problema puede ser devastador para cualquier pareja. Ningún hombre que sea eyaculador precoz se siente fuerte y seguro.

Hijos adolescentes que requieran mucha atención pueden provocar distanciamiento en la pareja, y eso desembocará en el puerto del deseo inhibido. Incontables mujeres se quejan de que sus hijos se acuestan muy tarde y no pueden hacer el amor sino hasta que ellos se duermen; cuando esto, por fin sucede, los padres ya están cansados. Estas parejas deben buscar espacios para estar juntos y, sobre todo, tienen que saber que pueden cerrar la puerta de su habitación y pedir no ser molestados. Me preguntan: "¿Se van a imaginar que estamos haciéndolo?" y la respuesta es: Seguramente lo imaginarán. ¿Cuál es el problema?

La disparidad entre los niveles de interés sexual, mejor llamada frecuencia, se confunde con la falta de deseo. Si bien para algunas personas una relación sexual a la semana es suficiente, para otros el ideal es tres veces por semana.

El rechazo sexual se percibe como desamor y provoca sentimientos de frustración. Para evitar que esto suceda, la negociación y una buena comunicación son esenciales.

Exceso de alcohol, medicamentos y drogas provocan en muchas personas disminución de la libido, imposibilidad de orgasmo y disfunción eréctil.

La mala relación de pareja, la lucha por el poder, los sentimientos de minusvalía, así como la sensación de no ser respetado ni escuchado culminan en resentimiento y odio. A medida que los sentimientos negativos aumentan, el interés sexual disminuye. La intimidad potencia el deseo de estar junto al otro.

Hoy en día, ya no queda tiempo suficiente para pensar en el sexo con nuestra pareja; tenemos compromisos que no nos permiten hacerlo: el trabajo, los niños y los problemas cotidianos nos distraen, resolviendo lo urgente en nuestras vidas, más no lo importante. Necesitamos más tiempo.

Pretender tener un supersexo a las doce de la noche, después de ver las noticias y como último pendiente del día, es imposible.

Hay que crear los momentos para la intimidad, citas en pareja, hacer a un lado aquello que nos ocupa, y conectarnos más con los placeres sensoriales en compañía de nuestra pareja.

La sexualidad no es sólo gimnasia. Hay que aderezarla con juegos, palabras, sonidos, y esperar de ella diversión. Hacer el amor de forma regulada y revisada, con determinados días de la semana, como si el sábado fuese el único día disponible para hacer el amor, significa equiparar el sexo al trabajo y desvirtuar su función placentera. *La rutina empobrece.* El aburrimiento acaba con el sexo. Siempre lo mismo, cansa. Hay que ser creativos. ¿Qué nos excita?; ¿qué despierta el deseo?

Es necesario recuperar las actividades que antes resultaban excitantes y que hemos dejado de lado, como las caricias en el auto o los bailes. También hay que buscar e introducir novedades en cada una de las relaciones sexuales: usar lencería sexy, hacer el amor en momentos excitantes, diferentes e insospechados, leer libros eróticos o ver películas estimulantes, y compartir fantasías.

El pudor mal manejado. Nos da vergüenza decir lo que necesitamos no vaya a ser que piense mal. No queremos hacerlo con luz, no queremos cambiar de posición, no nos sentimos a gusto tratando cosas nuevas y mucho menos con juguetes eróticos. Esto nos aleja del placer y hace aburrido y rutinario el sexo. Expresa claramente qué es lo que quieres, qué te gusta que te hagan y qué no: frecuencia, técnica, rapidez. No tengas miedo de expresar aquello que te preocupa, sobre todo si se trata de algún aspecto relacionado con tu propia satisfacción sexual, como las dificultades para alcanzar el orgasmo. Averigua cuáles son las preferencias de tu pareja y satisfácelas.

133

Las expectativas muy altas que no se cumplen, nos provocan frustración y amenazan la relación. Multiorgasmia, orgasmo con penetración o encuentros de duración ilimitada, como única meta a la cual se quiere llegar, dañan mucho el erotismo.

Aún existen muchos mitos y tabúes sobre el sexo que fomentan aprendizajes negativos. Las expectativas arriba mencionadas son ingenuas, y si las experiencias sexuales en busca de alcanzar esa meta resultan insatisfactorias, es probable que el deseo quede anestesiado.

ALGUNAS CONCLUSIONES

El deseo y el amor se construyen día a día, renovándose para evitar la muerte. Se nos olvida que las demostraciones de amor son una necesidad básica y permanente que reafirma el sentimiento de amor del otro hacia mí y viceversa. Damos por hecho que nuestra pareja estará con nosotros para siempre y que no tenemos que hacer ningún esfuerzo extra al respecto.

Hellen Kaplan, una de las terapeutas sexuales más reconocidas de las últimas décadas, señaló los principales afrodisiacos para mantener vivo el deseo sexual: el tiempo, la fantasía y el amor.

Se sabe que "hacer el amor" es un hecho de dos; solamente por contemplarse y sentirse desnudos se enlazan infinitas sensaciones de goce que comienzan a multiplicarse cuando se agregan caricias, palabras, besos y abrazos en el momento de la relación sexual. Hay que permitirse ser creativo, animarse a entablar un diálogo franco para saber lo que a ambos les gusta y lo que no, lo que el otro necesita y cómo, es indispensable para lograr una plena relación sexual con la cual ambos queden satisfechos.

La pérdida del interés sexual no es un suceso fortuito y repentino, sino que ha sido un proceso gradual. Se pasa por alto que cuando el deseo estaba vivo en la relación, no era un suceso espontáneo: hacíamos y nos decíamos cosas. De igual modo, la recuperación del interés perdido no sucede sólo por quererlo, sino como resultado de un esfuerzo de transformación personal.

La diversidad, cambiar de horario, de lugar al hacer el amor, sería un buen comienzo. Realizar sesiones de masaje, explorar áreas erógenas además de los genitales, comprar algún juguete erótico, adquirir un libro sobre posiciones y técnicas y leerlo juntos, podría funcionar.

Ahora reflexiona. ¿Detectaste por qué puede ser que tu deseo sexual sea bajo? ¿Quieres hacer algo para solucionarlo? ¿Puedes compartirlo con tu pareja? ¿Son más de un factor los que te están bloqueando? ¿Cuántos problemas crees que tenga tu compañero?

17 Sexo hasta en la sopa: libido muy alta

Gracias a la cultura de represión en la que vivimos, no sabemos si algunas conductas sexuales y deseos son comunes o no. Giselle llegó al consultorio pidiendo ayuda; su pareja le pide sexo a toda hora.

Muchas mujeres dicen que se les ha quitado el gusto por el sexo gracias a la obsesión y acoso continuo de su compañero. Efectivamente, uno de los problemas más importantes a nivel sexual en las parejas, estriba en la diferencia de frecuencia con las que se desea o necesita tener relaciones, encontrando diferencias significativas.

Resulta muy frecuente que el deseo se polarice; de esta manera, uno de los miembros (habitualmente el hombre) ocupa el lugar del deseo frecuente y el otro miembro (habitualmente la mujer) ocupa el lugar del deseo poco frecuente. Esta situación suele ser incómoda para ambas partes, una de las cuales se siente permanentemente exigida y la otra permanentemente rechazada. De este modo, la conducta del que tiene un alto deseo sexual es invariablemente "leída" por el otro como una agresión en la que sólo se la considera un objeto sexual, sintiendo el "agresor" una fuerte sensación de rechazo.

Para la mayoría de los hombres, el sexo es el parámetro de su hombría y masculinidad, el hecho de que su pareja lo rechace deteriora su autoestima

Existen hombres que han aprendido que el orgasmo es una forma de canalizar sus sentimientos y no tienen otra estrategia para hacerlo.

Algunos reportan que, durante su adolescencia, cada vez que tenían un conflicto se masturbaban, es así como se relajaban y podían pensar mejor; unos cuantos de ellos querrán repetir esta conducta porque no saben cómo manejar sus sentimientos, habría que saber si esta obsesión sexual no muestra signos de inestabilidad emocional.

En el caso de las mujeres que tienen la libido muy alta se cree, en primera instancia, que tiene relación con una disfunción en el aspecto hormonal. Por otro lado, algunas mujeres aseguran que a través del sexo amarran a sus parejas, "si le doy buen sexo, sé que no lo buscará por fuera y estará siempre a mi lado", me dijo una amiga (yo no estoy tan segura de eso).

Otras mujeres dicen que sus parejas no se acercan a ellas con caricias, a menos que vaya a haber un encuentro sexual, entonces son apapachadas y se sienten amadas y valoradas, motivo por el cual están buscando constantemente sexo.

Nos hemos dado cuenta de que en el caso de los hombres obsesionados con el sexo, la búsqueda del orgasmo es totalmente superficial, la función de la relación sexual va hacia otra meta: dominio y reafirmación.

"Mi pareja está obsesionada con el sexo, apenas tiene un orgasmo cuando ya está pensando en cuándo llegará el que sigue." Generalmente, este tipo de comentarios acusa a hombres que no se involucran en una relación afectiva importante, que son inseguros.

MOTIVOS

La presión social ejercida sobre el hombre, sobre todo el adolescente, le indica que debe demostrar su hombría en función de cuantos coitos o mujeres diferentes ha tenido. Este antecedente ha influido de tal forma en hombres y mujeres, que ambos le han dado un valor equivocado al sexo.

Los medios de información no ayudan, estamos bombardeados por estímulos sexuales desde la televisión, las revistas, los anuncios espectaculares, la radio, internet, sin ningún fundamento emocional que justifique por qué el sexo es lo que hace girar al mundo. ¿Por qué es lo más importante en la vida?

A cierta edad comienzan a surgir dudas acerca de la capacidad sexual y muchos hombres desean probarse a sí mismos que *todavía pueden*. Entran en una etapa de compulsión sexual que asusta a muchas mujeres. Algunos incluso dicen "echar una canita al aire" para comprobar su fuerza, otra vez siguiendo un patrón cultural que justifique su valía como hombres. Como si la erección, el falo o el coito fuera una prueba de ello.

Una de las preguntas frecuentes sobre este tema es: ¿Cuántas veces a la semana hacen el amor las parejas? ¿Cuánto es lo normal?

No hay normal ni anormal, cada pareja es diferente y lo importante es que los dos estén satisfechos con la frecuencia.

La frecuencia de las relaciones sexuales depende de muchos factores: momento de vida en que estén situados (recién casados o más de veinte años de casados), el nacimiento de los hijos, la menopausia, el cambio de casa, despido de un trabajo, dificultades económicas, problemas en la relación, pobre vida erótica, etcétera.

En 2007, la compañía Durex realizó una encuesta mundial. Entrevistaron a 26,000 personas de más de 16 años, en 26 países distintos, que representan culturas diversas. La cifra que reveló aquella encuesta sobre cuántas veces a la semana hacen el amor los mexicanos, tuvo un resultado de 2.3 veces a la semana.

ALGUNAS CONCLUSIONES

Una comunicación clara, cuidadosa y en el momento oportuno, es la mejor manera de que tu pareja entienda cuando no tienes deseos de tener relaciones sexuales. Para poder hacer esto es preciso ir construyendo, junto a él, un lenguaje que les permita expresarse fluidamente con respecto a la sexualidad. Esta comunicación debe partir de ciertos supuestos fundamentales. El primero es que hablar claramente facilita la comprensión y armonía sexual, y créeme que vale la pena el esfuerzo. El segundo es darse cuenta de que ustedes son dos personas diferentes, con distintos gustos, necesidades e intereses y que, por lo tanto, el hecho de no desear al otro, no constituye una ofensa o una falta de cariño (aunque uno a veces lo sienta así), sino que es parte de la individualidad y los ritmos de cada individuo. El tercero es que la comunicación no sólo debe darse frente a lo que no deseo, sino también frente a lo que sí deseo y me ha dado pena externar, esto para poder guiar las conductas del otro, quien probablemente está muy interesado en satisfacer y dar una experiencia placentera a su pareja.

Él siempre quiere más sexo que tú

Te daré algunos consejos que pueden ayudar. La monotonía es la fuente del hastío y la flojera. Por lo que, insisto, hacer cosas diferentes llenará de emoción tu relación.

Recuerda tus mejores momentos sexuales y escribe qué es lo que hicieron de esos instantes algo tan especial. ¿Fue la ropa que llevabas puesta? ¿El lugar romántico? ¿Tú actitud?¿ ¿Qué hiciste? ¿Fue porque lo hicieron despacito? Escribe cuanto detalle recuerdes, eso te ayudará a saber qué es lo que te excita. Mientras más elementos reúnas, más completa será la información para compartir.

Una vez que la elabores, platica con tu pareja, ayúdalo a saber qué es lo que más te excita y te apaga; y pregúntale, dile que te cuente, que te confiese qué es lo que le gusta.

Revisa tus fantasías eróticas

Muchas mujeres dicen no tener fantasías; aunque es posible, no resulta en absoluto positivo y yo les recomendaría hacer un esfuerzo y crear algunas.

Durante el día, anota si en algún momento surge algún pensamiento relacionado con deseo, sexo o excitación. Esto te arrojará información que podrás utilizar más adelante. La idea es, también, que durante el día estés más alerta a los estímulos sexuales, más consciente de tu sensualidad.

Infórmate

Compra libros eróticos, sexuales y pornográficos. Apóyate en ellos, abre tu mente y tu mundo cambiará.

Busca un mejor orgasmo

Si disfrutas de un buen orgasmo, querrás repetir la experiencia. Quizá tus orgasmos están siendo de poca calidad. Pide más tiempo para el juego presexual, las caricias previas, utiliza juguetes eróticos con él, cómprate ropa sexy, cambia de ritmo, utiliza hielos, su lengua. Haz lo que necesites para que tu orgasmo sea más agradable.

PROPÓN COSAS NUEVAS

Es interesante cuando asumimos nuestra responsabilidad y planteamos nuevas alternativas. Juguetes eróticos, lugares para hacer el amor, posiciones, etcétera. Generalmente, ellos se sienten halagados y felices de que tomes la iniciativa.

Claridad

Es importante saber qué le sucede; muchas veces, un episodio de impotencia genera tal grado de ansiedad que, ante la posibilidad, preferirá evitar el posible fracaso y por ende la relación sexual. Platica con él. Escucha lo que piensa, lo que siente y, sobre todo, pregúntale a qué le teme. Recuerda que la sexualidad no es sólo coito, existen muchas formas de hacer el amor.

Si él se siente acosado, evitará aún más el contacto sexual; no lo presiones. Sé muy clara cuando quieras tener intimidad. No permitas que él pueda decirte, "es que no lo sabía".

Masturbación

La masturbación sin remordimientos puede ser una opción. Si tú tienes deseos y él no, forzarlo no es lo más adecuado, aunque olvidar tu deseo y necesidad sexual quizá no sea opción para ti; una forma de canalizar tu energía sexual puede ser a través del placer solitario. (Sólo para parejas de amplio criterio. Quizá sea el momento de comprar un vibrador.)

Sé original

Haz cosas que sepas que lo van a divertir y entretener. Esfuérzate por hacer que la experiencia sea gratificante para él.

Lo que muchas mujeres me dicen es: "¡Qué flojera, a poco de verdad se ponen a comprar juguetes o a preparar desde la mañana una noche erótica!". Y la respuesta es sí. Si de verdad quieres hacer la diferencia con tu pareja, actúa.

¿Los dos están satisfechos con la frecuencia de sus relaciones sexuales? Cuándo él quiere, ¿te es fácil saberlo? ¿Qué haces cuando tú quieres y él no? ¿Su necesidad sobrepasa la tuya? ¿Se lo puedes decir?

18 Inteligencia sexual

Un gran número de personas siente algún grado de insatisfacción en su vida sexual, pero no lo admite. Cuando no se reconoce que existe un problema, no se consigue resolverlo. Según estadísticas el 60% de los hombres no se sienten satisfechos con su vida sexual.

En estadísticas mundiales que hablan acerca de la vida sexual de los individuos, sorprenden los números que exponen a hombres y mujeres con deseos inhibidos, con incapacidad para lograr orgasmos, insatisfechos con la frecuencia de sus relaciones sexuales, con relaciones de pareja conflictivas; en fin, con una vida sexual no placentera.

En consecuencia, todo esto repercute negativamente en la vida social, laboral y afectiva de las personas, impidiendo que se realicen y sean felices.

Es increíble que, en pleno siglo XXI, se discuta más que nunca de sexo en la televisión, la radio, las revistas —cientos de imágenes de alto contenido erótico son transmitidas— y, sin embargo, la inmensa mayoría de las parejas siga sin hablar abiertamente del tema. El hombre departe con los amigos, pero casi siempre de forma machista y burlona, energía que en lugar de construir, destruye.

Así como, en 1998, el término "inteligencia emocional" (propuesto por Daniel Goleman y que se refiere a la capacidad y destreza que nos permite conocer y manejar nuestros sentimientos e interpretar los de los demás) estaba en la boca de todo el mundo y era considerado el objetivo para lograr mayor felicidad; en 2002 dos psicólogos estadunidenses, Sheree Conrad y Michael Milburn, propusieron la existencia de un nuevo tipo de inteligencia que, sin duda, causó una revolución en la manera de concebir nuestras relaciones de pareja: se trata de la inteligencia sexual, identificada como la capacidad que nos permite vivir una sexualidad plena. (*Inteligencia Sexual*, Sheree Conrad y Michael Milburn.)

Si en algún momento creímos que lo que iba a garantizar el placer sexual era aprender técnicas eróticas nuevas que desplegarían un mayor goce, no es verdad. Hay que decir que los fracasos de nuestras relaciones amorosas son fruto de nuestros tabúes, mitos, inhibiciones, creencias religiosas y morales, carencias emocionales, experiencias traumáticas y la educación recibida.

SABIDURÍA SEXUAL

Ser sexualmente inteligentes —y tener una vida sexual mejor— no depende de la suerte, de la belleza, ni del grado de atracción sexual innato, sino de habilidades que las personas pueden adquirir, desarrollar y dominar con el tiempo. Por consiguiente, la inteligencia sexual es algo a lo que cualquiera puede aspirar.

¿QUÉ SE PUEDE HACER?

Para poder desarrollar la capacidad de la que estamos hablando, los psicólogos que trabajan en esta área nos comparten sus tesis:

La inteligencia sexual se debe desarrollar basada en tres pilares básicos:

PRIMER PILAR

El primer paso consiste en adquirir conocimientos científicos sobre sexualidad humana, eliminando mitos y tabúes, arraigados en la sociedad, que nos hacen sentir culpa y vergüenza. No quiere decir que tenemos que aprender cada una de las posturas que recomienda el *Kamasutra*, pero sí implica que debemos saber más sobre sexualidad, en general. Si dejamos que los mitos interfieran en nuestra inteligencia sexual, nos volveremos sexualmente torpes, reprimidos, inhibidos y no podremos distinguir cuando un encuentro responde a la mera atracción sexual, al amor o a la necesidad de huir de la soledad.

Leer, experimentar, tomar cursos y talleres sería un buen comienzo.

SEGUNDO PILAR

Una vez que estamos bien informados y nos hemos liberado de las mentiras del sexo, debemos dar el siguiente paso, que consiste en conocer y descubrir nuestro propio placer: ¿Qué me gusta? ¿Qué no me gusta? ¿Qué me excita? ¿Qué me atrae? ¿Dónde quiero ser estimulada?

El problema es que no sabemos cómo contestar a estas preguntas, ya sea porque nunca nos las hemos planteado o porque no hemos hecho una introspección real.

Este pilar de la inteligencia sexual se denomina Conciencia del Yo Sexual Secreto; alberga los verdaderos pensamientos, sentimientos y emociones que hacen que la vida amorosa sea más gratificante. El Yo Sexual Secreto puede verse condicionado de forma negativa por experiencias desagradables que ocurrieron en el pasado, o por necesidades emocionales insatisfechas. Las personas sexualmente inteligentes son capaces de advertir, por ejemplo, cuándo sus deseos eróticos están sustituyendo a carencias emocionales que no son sexuales, como la falta de autoestima, de seguridad, de poder, o saben cuándo tienen relaciones sexuales simplemente porque se sienten solas.

Conozco algunas mujeres cuyo deseo y placer sexual está determinado por el placer y deseo de su pareja:

Si él quiere tener relaciones, entonces yo también, si él no lo desea, yo tampoco. Si él quiere hacer alguna posición, yo la hago. Él sabe cómo me gusta.

Cuando les pregunto si existe el placer sexual individual, la repuesta es no. Se vive en función de la pareja. ¿Si la pareja desaparece, la vida sexual también desaparece?

Debemos comprender cómo pensamos, saber si nuestras ideas son propias o de nuestros padres, indagar en nuestro pasado para poder entendernos y conocernos mejor. A veces, la sexualidad es gobernada por una baja autoestima, necesidad de amor, de seguridad o de poder. Eso nos confunde. Para lograr la inteligencia sexual habría que clarificar bien estos aspectos.

Conocer el Yo Sexual Secreto es un pasaporte seguro hacia el desarrollo de la inteligencia sexual. Para lograrlo, hay que preguntarse cuestiones íntimas y responder sinceramente, ya que no es necesario compartir con otros las respuestas. Aquí te muestro algunas preguntas con las que podrías comenzar a reflexionar:

- ¿Cómo fue la educación sexual que recibí?
- ¿Cómo se hablaba de sexo en mi casa? ¿Qué me dijeron y qué me ocultaron mis padres?
- ¿Cuáles han sido mis miedos y temores? ¿Los superé o aún están conmigo?
- ¿Cuáles han sido mis buenas y malas experiencias sexuales?
- ¿Me considero afortunado(a) por la educación que recibí sobre el tema?
- ¿Cuáles son mis traumas, represiones e inhibiciones?
- ¿Cómo fue mi primera vez?
- ¿Qué creo que es pecado?
- ¿El sexo es sucio?
- ¿Se puede tener relaciones sexuales sin amor? ¿Sólo por placer?
- ¿Qué realizo con culpa?
- ¿Qué me impide ser libre sexualmente?
- ¿Qué me da placer en la cama?
- ¿Qué me impide la plenitud sexual?

TERCER PILAR

El último pilar de la inteligencia sexual tiene que ver con la conexión con los demás. El sexo es cosa de dos. Mantener una vida sexual enriquecedora implica a otras personas. Para adquirir habilidad y dominio de la sexualidad, tanto en lo que se refiere a la relación de pareja como consigo misma, hay que abrirse a los demás.

Se vive hoy día con la premisa de ser "Yo" lo más importante del mundo, "Yo" el que tengo la verdad absoluta y "Yo" el que tiene un espacio que le cuesta trabajo compartir. No es posible incluir al otro si establecemos este tipo de relaciones interpersonales.

Una persona no alcanza un alto grado de inteligencia sexual hasta que domina ciertas habilidades sociales que incluyen: la capacidad de hablar con la pareja sobre la vida sexual y de comprender el "Yo" erótico del amante. La inteligencia sexual implica aprender a ser sinceros con nosotras mismas y con nuestra pareja, decir con libertad quiénes somos y qué queremos sexualmente.

Una vez más, la sociedad pone zancadillas a esta meta. Algo que la mayoría de las personas aprende en su familia es a no hablar de sexo. La idea de que los sentimientos sexuales son, literalmente innombrables, es un obstáculo que funge como barrera, tanto para conocer esos sentimientos como para hablar de ellos. En cierto modo, los parámetros sociales que dictan lo que es "correcto" y lo que es "anormal" hacen que muchas personas silencien sus verdaderos deseos y fantasías sexuales por temor al rechazo de la pareja.

Enfatizar el establecer vínculos afectivos sanos, es la premisa de este pilar.

CONCLUSIÓN...

Los investigadores llegaron a dos hipótesis: la inteligencia sexual puede ser cuantificada en una suerte de "coeficiente sexual", y la estructura de esta inteligencia se compone de los conocimientos sexuales, la conciencia del Yo Sexual Secreto y la conexión con los demás.

El camino hacia la satisfacción sexual no consiste en volvernos más seductores, ni en reprimir o dar rienda suelta a nuestros deseos y fantasías eróticas; tampoco la encontraremos por sólo aplicar las técnicas y conceptos aprendidos en los libros de sexualidad.

La buena noticia es que siempre podemos mejorar nuestra inteligencia sexual, la clave reside en aprender a conocernos y valorarnos, liberarnos del miedo y la culpa, ser capaces de informarnos y aprender más acerca de la sexualidad, así como de descubrir que el sexo es mucho mejor cuando hay amor, apertura y respeto hacia la otra persona.

En el siguiente capítulo, te ofrezco un cuestionario para medir tu "coeficiente sexual", recuerda que los cuestionarios pueden ser subjetivos, pero son un inicio.

Muchas personas consideran que saben suficiente sobre sexo y limitan sus posibilidades de aprender.

La idea de este cuestionario no es avergonzarnos de lo que no estamos al tanto, sino averiguar qué tanto sabemos; ello arrojará información nueva y nos empujará a realizar alguna lectura al respecto.

19 Cuestionario sobre coeficiente sexual

1. ¿Cuál de estas mujeres será más capaz de lograr plena satisfacción sexual, con mayor facilidad?

a) Aquella que está conforme con su cuerpo, a pesar de no tener la firmeza de antes. Es decir, que la edad no tiene que ver con la satisfacción.

b) La mujer que está dispuesta a adoptar diferentes posiciones, sin mostrar complejo alguno.

c) Las que tienen la habilidad de concentrarse en cada parte de su cuerpo, conscientes de su sexualidad, y que disfrutan en todo momento.

d) Las que logran una comunicación plena (emocional y sexual) con su pareja.

e) Todas las anteriores.

2. La mujer alcanza su orgasmo...

a) Solamente mediante estimulación del clítoris.

b) En el clítoris y la zona vaginal.

c) En distintas partes del cuerpo, siempre que estén debidamente estimuladas.

3. ¿Dónde se encuentra el clítoris?

a) En la parte superior de la abertura vaginal.
b) Entre la vagina y el ano.
c) En el interior de la vagina.

4. Se habla mucho del orgasmo femenino y se ofrecen diversas técnicas para lograrlo. Pero... ¿qué es realmente el orgasmo?

a) Un grado de excitación muy intenso que únicamente se alcanza cuando los órganos sexuales de la mujer están debidamente estimulados.
b) Son los gemidos y la excitación sexual de la mujer al hacer el amor.
c) El clímax del placer sexual, representado por intensas contracciones espasmódicas, placer y bienestar personal.

5. ¿Existe alguna zona al interior de la vagina que al ser estimulada correctamente produce una sensación intensa de placer?

a) Sí.
b) No.
c) Es un tema muy discutido, pero aún no se ha podido comprobar su existencia.

6. La mujer casada que practica el autoerotismo, sin lugar a dudas es...

a) Una ninfómana.
b) Una mujer totalmente normal.
c) Una mujer insatisfecha con su matrimonio.

7. Después de que un hombre eyacula, ¿cuánto tiempo tarda en tener de nuevo una erección?

a) 10 minutos.
b) 1 hora.
c) 24 horas.
d) Depende de cada hombre.

8. ¿Por qué algunos hombres tienen disfunción sexual?

a) Por la tensión nerviosa que le crean las responsabilidades, el trabajo y la familia.
b) Debido a problemas sentimentales; las emociones afectan la sexualidad.
c) Como consecuencia de alguna enfermedad.
d) La disfunción sexual se debe a varios factores físicos y psicológicos.

9. ¿Con qué frecuencia debe tener relaciones sexuales una pareja promedio?

a) Dos veces al día.
b) Tres veces a la semana.
c) Dos veces a la semana.
d) Una vez al mes.
e) Cada pareja es diferente, no hay una regla fija.

10. Si una mujer tiene dolor durante las relaciones sexuales

a) Es normal, sólo déjalo pasar.
b) Puede haber alguna infección o causa emocional que no se esté reconociendo.
c) El amor es indoloro, más bien se acabó la etapa de enamoramiento.

11. Cuando una mujer está embarazada, ¿disminuye su deseo sexual?

a) Cierto.
b) Falso.

12. Eyaculación precoz significa...

a) Que él eyacule antes de que lo decida.
b) Que eyacule antes que tú.
c) Que se tarde en eyacular.

151

13. Los homosexuales son...

a) Enfermos mentales que deben corregirse.
b) Hombres y mujeres atraídos física y emocionalmente por personas de su mismo sexo.
c) El resultado de padres ausentes.

14. La pedofilia es...

a) El placer erótico de un adulto, relacionado con los niños.
b) El placer erótico de un adulto, relacionado con los muertos.
c) El placer erótico de un adulto, relacionado con el ano.

15. El método anticonceptivo 100% seguro es...

a) La píldora.
b) El condón.
c) El parche.
d) El DIU.
e) No existe.

16. El método in vitro se utiliza para...

a) Las mujeres que no pueden embarazarse, aun después de meses de intentarlo.
b) Mujeres que quieren embarazarse y no tienen trompas de falopio.
c) Mujeres que quieren embarazarse, pero sus parejas tienen espermas con poca motilidad.
d) Todas las anteriores.

17. Hablar de sexualidad con los adolescentes...

a) Es promover la promiscuidad.
b) Es esencial en un mundo como el de ahora.
c) Es sembrarles ideas negativas.

18. Una vez que llega la menopausia, ¿la vida sexual termina?

a) Verdadero.
b) Falso.

19. Un matrimonio abierto es...

a) Aquel en el que cada cónyuge puede tener relaciones sexuales con otras personas.
b) El que no está casado por la Iglesia pero sí por el civil.
c) Aquél en el que el sexo sólo se tiene con la pareja.

20. Algunos medicamentos pueden disminuir el apetito sexual

a) Falso.
b) Verdadero.

RESPUESTAS

1. Respuesta correcta (e)

Se sabe que la mujer que logra concentrarse disfruta más del sexo. Puede disfrutar de cada caricia, de cada sensación que experimenta. Una mujer que ama su cuerpo y no tiene complejos es una mujer que sabe disfrutar. Una mujer que lleva una buena relación emocional con su pareja, que confía en ella, que puede decirle qué le gusta, es una mujer que puede gozar plenamente.

2. Respuesta correcta (c)

Aunque sabemos que la mayoría de las mujeres experimenta el orgasmo a través de la estimulación del clítoris y/o de la vagina, existe un porcentaje muy pequeño de mujeres que lo experimentan con la estimulación de los pezones.

La mayoría de las mujeres logra con mayor facilidad el orgasmo con la estimulación del clítoris.

3. Respuesta correcta (a)

¿Sabes qué es el clítoris? Su única función es proporcionar placer a la mujer. Es un pequeño órgano cuyo tejido es muy similar al del pene. Al ser estimulado cambia de tamaño. La estimulación adecuada logrará que la mujer tenga un orgasmo. Para algunas mujeres la estimulación directa es agresiva y poco agradable, para otras es la que les da placer.

Durante la excitación la sangre fluye hacia el clítoris, volviéndolo muy sensible.

4. Respuesta correcta (c)

Se requiere de la excitación como preparación inicial, pero ésta debe seguir aumentando, pasar por varias etapas hasta llegar a contracciones placenteras de placer intenso.

5. Respuesta correcta (c)

El Punto G ha estado muy de moda últimamente. Lo malo es que todavía los sexólogos no han logrado ponerse de acuerdo para reconocer esta zona como una que logrará el orgasmo. Se cree que este punto se encuentra en el interior de la vagina, sobre la pared interna, y que al ser estimulado durante más de 4 minutos, logra proporcionar un orgasmo más satisfactorio y completo. Muchas mujeres siguen en su búsqueda.

6. Respuesta correcta (b)

El autoerotismo o masturbación es una práctica muy normal, tanto en hombres como en mujeres. Es una de las formas que tenemos los seres humanos para conocernos, proporcionarnos placer y canalizar la energía sexual cuando no se dispone de un compañero. Incluso, si existe una diferencia importante entre el deseo sexual de uno y del otro, el autoerotismo es una forma de no obligar a la pareja a tener relaciones, sin reprimir el deseo.

CUESTIONARIO SOBRE COEFICIENTE SEXUAL

7. Respuesta correcta (d)

Cada hombre funciona diferente. Aunque sabemos que quizá un hombre de 18 años tardará 10 minutos en culminar el acto sexual, y uno de 40, 30 minutos, no existen reglas establecidas.

En este proceso de recuperación intervienen diversos elementos: salud física, deporte, medicamentos, edad, alimentación, capacidad circulatoria, grado de excitación, edad, etcétera.

8. Respuesta correcta (d)

Las causas de la disfunción sexual masculina pueden ser muchas. Los problemas de salud como: presión arterial, diabetes, hipertensión y colesterol son algunos de los responsables, al igual que los medicamentos. Aunque la parte emocional, la ansiedad y la angustia son factores primordiales.

9. Respuesta correcta (e)

No existe una regla fija establecida. Depende de numerosos factores y diferentes dinámicas. Las relaciones sexuales deben practicarse cuantas veces la pareja lo desee. El problema surge cuando uno de los dos tiene la libido más elevada que el otro y es tachado de loco o insatisfecho. Este es uno de los problemas más frecuentes en las parejas.

10. Respuesta correcta (b)

Antes de sospechar que pueda ser un problema emocional, se deben descartar causas físicas. Infecciones no detectadas, tejidos vaginales dañados durante el parto, hongos, la irritación provocada por dispositivos, pueden ser algunas causas. También es cierto que la resequedad vaginal posparto, premenopausia y menopausia pueden provocar dolor.

Si existe temor a la pareja, coraje, ansiedad o angustia, puede experimentarse malestar. Experiencias sexuales dolorosas, como un abuso o violación. La represión en la educación sexual, ya sea por parte de los padres, o religiosa, puede provocar dolencias emocionales que a su vez provocan dolor físico.

11. Respuesta correcta (a)

Hormonalmente, el cuerpo está trabajando para el bebé. Físicamente, muchas mujeres expresan sentirse gordas, feas, mareadas e hinchadas, lo que provoca que no tengan humor para el contacto sexual. Cuidado con interpretar esto como que no necesitan el apapacho, al contrario; pero sí hay que estar conscientes de que el deseo sexual queda disminuido.

Existe un porcentaje pequeño de mujeres que reportan sentirse sumamente excitadas durante el embarazo.

12. Respuesta correcta (a)

La eyaculación precoz es un problema común. Muchos sexólogos lo eligen como uno de los más fáciles de resolver. La ansiedad, los nervios y toda una gama de problemas provocan la eyaculación prematura, a los pocos segundos e incluso antes de la penetración. Con ejercicios y técnicas el hombre debe aprender a conocer sus sensaciones de placer para controlarlas.

También puede asistir con un terapeuta sexual.

13. Respuesta correcta (b)

Aunque no se sabe a ciencia cierta la causa por la cual una persona es homosexual, sí se sabe de su existencia. Por mucho tiempo fueron señalados como enfermos mentales que debían corregirse, pero ahora sabemos que no están enfermos y que no se "corrigen". Son seres iguales que tú y yo, pero atraídos por personas de su mismo sexo.

14. Respuesta correcta (a)

Es considerada una desviación sexual que implica un padecimiento mental. La práctica de la pedofilia incluye exposición de genitales del adulto y/o de los niños, desnudez, manipulación y penetración.

Los pedófilos o pederastas se aprovechan de la inocencia, del miedo y la falta de información de los pequeños. Cualquier niño que sea violado por un adulto quedará seriamente traumatizado.

15. Respuesta correcta (e)

No existe un método 100% seguro, sólo la abstinencia. Una vez que el pene entra en la vagina cualquier método anticonceptivo es susceptible de fallar. Las píldoras están caducas, el condón está roto, el DIU se desplazó de su lugar, etcétera.

16. Respuesta correcta (d)

El método in vitro se utiliza en mujeres que no han podido embarazarse y lo han intentado por más de un año y en las que, además, se ha eliminado la sospecha de que haya algún problema en trompas o que el esperma no llegue a juntarse con el óvulo. El procedimiento consiste en sacar el óvulo de la madre y los espermas del padre y fecundarlos fuera de la matriz, In vitro. Una vez fecundados, se fortalece el endometrio y los embriones pueden colocarse en el útero.

17. Respuesta correcta (b)

Hoy en día ya no es una opción educar o no sexualmente a nuestros hijos, la opción es si lo hacemos positiva o negativamente. La información acerca de la sexualidad se ha expandido considerablemente y es importante que abramos el espacio de comunicación necesario con nuestros hijos para poder inculcarles valores al respecto.

18. Respuesta correcta (b)

Por muchos años se creyó que la sexualidad era privativa de la gente joven, incluso se veía con malos ojos a hombres y mujeres que al llegar a los cincuenta años expresaran abiertamente su deseo carnal. Se les etiquetaba de sucios, morbosos, y poco pudorosos.

Hoy sabemos que la sexualidad está presente en la vida de un ser humano desde que nace hasta que muere. No nos extraña que hombres y mujeres cerca de los setenta años de edad tengan orgasmos.

La menopausia es una etapa de cambio, pero no el fin del deseo.

19. Respuesta correcta (a)

Son parejas casadas que se dan el permiso de tener relaciones sexuales con otras personas, en la mayoría de los casos se pide discreción y no se relatan los encuentros.

20. Respuesta correcta (b)

Se sabe que existen muchos medicamentos que influyen en el deseo: antidepresivos, antihistamínicos, medicinas para presión alta, etcétera.

Si estás tomando un medicamento y sospechas que puede estar causándote pérdida de deseo, consulta con tu médico.

Si tuviste de 0 a 9 preguntas correctas, te sugiero investigar sobre el tema, sobre todo si llevas una vida sexual activa.

Si tuviste de 10 a 14 preguntas correctas, te hace falta un poco más de información. Si te interesa el tema puedes leer algún libro, te será útil.

Si tuviste de 15 a 20 preguntas correctas: ¡Felicidades! Estás muy bien informada.

20 ¿Por qué las mujeres somos infieles?

La infidelidad femenina es un hecho más frecuente de lo que imaginamos. Y cada vez lo será más, porque la mujer ha cambiado; durante siglos, su voz fue acallada y sus necesidades ignoradas y desatendidas. Sin embargo, hoy, al menos en el mundo occidental, la mujer es, cada día, la protagonista de su propia vida, y lo es desde que ha decidido experimentar aquello que deseaba.

Entre las numerosas necesidades largamente pospuestas, la de la satisfacción sexual es, quizá, la que más ha revolucionado su vida. Ahora, la mujer ha decidido buscar fuera lo que, por una razón u otra, no encuentra en casa, como históricamente lo han hecho sus maridos.

La infidelidad, según la definición psicológica, se comete desde el momento en que se entabla una relación paralela a la relación estable o formal que uno tiene.

Herencia genética, necesidad de autoafirmación personal, instinto de supervivencia, falta de amor, de comprensión, la rutina y la frustración son algunas de las causas de infidelidad más comunes. Quienes la han vivido sienten el resurgimiento de la pasión, el placer, la autovaloración y el sentirse seductoras, sin embargo —y al contrario de los hombres—, las relaciones "paralelas" son intensas y de corta duración. Pasionales.

La infidelidad ha sido uno de los problemas de pareja más serios y desgastantes desde que el matrimonio surgió como tal. Mucho peor vista en el caso de las mujeres que en el de los hombres.

La mujer no logra sostener demasiado tiempo la doble vida cuando vive una infidelidad, ya que tiene una cantidad de roles importantes y complejos, como la maternidad, el trabajo, ser amiga, hija, esposa, lo que hace más difícil el agregar otra relación de alto nivel emocional.

Cuando hay infidelidad, una nueva ilusión nace, se crean expectativas sobre una vida diferente, mejor, un panorama afectivo para disfrutar la vida y sentir la pasión con toda su fuerza se dibuja como un horizonte posible y no un fin inalcanzable.

La infidelidad de la persona amada derrumba la confianza y abre una brecha en el entendimiento de la pareja, de tal calibre que, en la mayoría de las ocasiones, termina en separación. Es la peor de las traiciones. La confianza difícilmente se recuperará.

LO QUE NOS DICEN LAS ESTADÍSTICAS...

Según una investigación realizada en Estados Unidos, a principios de los noventa, por el Instituto Kinsey de investigación sobre el sexo, el 37% de los hombres casados y el 29% de las mujeres habían tenido relaciones sexuales fuera del matrimonio; aventuras que se daban incluso en personas que aseguraban tener una relación estable y feliz.

A pesar de estos datos, es muy difícil saber a ciencia cierta cuál es la frecuencia de la infidelidad. Muy pocos son los que se atreven a confesarlo.

El 90% de los hombres aceptará sexo por una noche, mientras que el 85% de las mujeres necesita conocer a la persona para involucrarse sexualmente. La mujer da sexo para lograr amor. El hombre da amor para lograr sexo. La mujer comienza con ese requisito básico de tener que conocer a la persona, tener un vínculo especial. Cuando la mujer es infiel lo hace con gente cercana a su medio: compañeros de trabajo, de universidad, del círculo de amigos.

UNA OPINIÓN EXTRAÑA...

Osho, el maestro iluminado que ha causado una revolución en la forma de pensar de millones de personas en los últimos años, afirma que el matrimonio es un acto de prostitución. Pues las parejas se ven obligadas a quedarse juntas sólo por cumplir un compromiso adquirido y no de corazón. Por dinero, por comodidad, por posición social, por miedo, eso es prostitución. Según él, las parejas deberían estar juntas mientras sean felices, mientras aporten recíprocamente, pero si ese sentimiento se acaba, deben tener la fortaleza de alejarse y permitir que el otro sea feliz.

Con el corazón en la mano, ¿podrías garantizar lo que vas a sentir al cabo de diez, veinte o cincuenta años?

ALGUNAS CAUSAS DE INFIDELIDAD FEMENINA

Soledad y tristeza

Hombres que están dedicados en cuerpo y alma a su trabajo abandonan a sus parejas. Algunas se encierran en su propio mundo, se hacen caseras y no salen seguido. Otras eligen hacer vida nocturna y divertirse a pesar de hacerlo solas. Es frecuente encontrar mujeres que buscan una pareja por fuera que cubra la necesidad de compañía más que de sexo en estos casos.

Búsqueda de nuevas sensaciones: existen personas en las que prevalece el instinto de aventura y excitación, de conquista, sobre la estabilidad y seguridad que aporta un proyecto común; de ahí que cuando la pasión, que acompaña a las primeras fases del enamoramiento, decrece, la relación ya no les interesa.

Hay personas que buscan la novedad de forma inconsciente y lo reflejan en su estilo de vida; por ejemplo, no soportan las tareas rutinarias, les gustan las emociones fuertes, tienen más contactos sexuales que el promedio y tienen mayor tendencia a alternar con otras personas.

Vida sexual pobre

Las relaciones sexuales son un ingrediente básico en la pareja, la disminución del deseo puede ser devastadora. Cuando las relaciones sexuales son defectuosas suele ocurrir que se tiende a buscar fuera la satisfacción sexual que no se tiene en la relación de pareja. Estas personas incluso creen que con esta actitud mejoran de forma indirecta su relación de pareja. Muchas mujeres reportan haber tratado por varios medios de incrementar el placer y la calidad de los encuentros sexuales con su compañero, sin buenos resultados.

Insatisfacción, rutina y aburrimiento en la pareja

Si se ha llegado a un importante grado de aburrimiento entre los cónyuges, porque ya no les quedan intereses en común o porque se descuida el tiempo que la pareja debe pasar junta en favor de otras actividades personales, se produce un distanciamiento que, a su vez, puede conducir a situaciones de infidelidad.

Ser feliz a toda costa

La sociedad impone un especial énfasis en la búsqueda inmediata de la felicidad, lo que fomenta la impaciencia ante cualquier crisis que se pueda dar en la pareja.

Sentirse joven y atractiva

En ocasiones, para personas angustiadas por el envejecimiento, una aventura amorosa significará demostrarse a sí mismos que todavía son jóvenes, y así se sentirán más atractivos. En estos individuos prevalece más ese sentimiento que el riesgo de poner en peligro una situación estable. En el hombre, estas circunstancias se suelen dar alrededor de los cuarenta años, edad en la que busca revivir emociones de la juventud. En la mujer, por su parte, esta necesidad se manifiesta antes de la menopausia, sobre todo si percibe que hay cierto desgaste en la relación, entonces necesita volver a sentirse guapa, atractiva y que despierta el apetito sexual.

Vacíos

En algunos casos hay vacíos, carencias propias de orden espiritual e intelectual, que se "tapan" teniendo una aventura que produce emoción. Encontrarse con alguien a escondidas, tener una relación clandestina, implica un riesgo que posiblemente ni siquiera haga más feliz a esa mujer, pero la "entretiene". También están las que manifiestan frustraciones personales, carencia de afecto o descontento con los roles que les tocó desempeñar en la vida, y la fantasía que abrigan es que un amante les va a dar lo que sueñan.

Flirteo en vacaciones

La mujer rompe con su vida acostumbrada. Costumbres, exigencias y obligaciones cotidianas desaparecen. Surge la oportunidad de ser infiel, como si fuera otra vida, como una travesura. Como una forma de vivir la vida de otra persona.

Venganza desesperada o sed de consuelo:

Muchas mujeres, después de saber que sus parejas les fueron infieles, deciden hacer lo mismo y cometen una infidelidad sólo por el gusto de pagar ojo por ojo. El sexo por venganza lastima y humilla a las mujeres.

ALGUNAS OPINIONES DE MUJERES INFIELES

Nunca hice planes con otra persona. Eran aventuras sin proyectos; sin embargo, con mucha ternura, amistad y sexo. Yo reivindicaba mi hecho de ser mujer, me sentía atractiva, querida, sensual.

El hombre se pavonea de las mujeres que ha tenido en su lecho porque es una muestra saludable de ser varonil, mientras que nosotras las mujeres no nos atrevemos a contar nuestras intimidades. Al mundo no le interesa lo que piensen o hagan las mujeres, siempre y cuando se porten bien.

No quiero una relación estable, quiero la emoción del encuentro. No quiero ver si deja la pasta de dientes destapada ni si moja la taza del WC, tampoco quiero saber si le gusta cómo cocino, es simplemente disfrutar del encuentro tal cual, sin ser juzgada, dando y recibiendo placer, nada más. La frescura tiene una duración limitada, porque lo nuevo se vuelve tarde o temprano, viejo.

Mi marido es un idiota, me maltrata psicológicamente, hace su vida sin consultarme nada, no cuida su apariencia física y yo no he tomado la decisión de divorciarme por comodidad, aunque hace mucho rato que lo dejé de querer, por eso tengo una pareja emocional y sexual fuera de mi matrimonio.

Yo ya me había resignado a vivir sin emoción, un matrimonio estable, una vida normal y creo que fui muchos años fiel simplemente porque no había encontrado a nadie. Pero todo es hasta que encuentres a alguien que te gusta, con quién tengas química.

Todos buscamos esa adrenalina de cuando te enamoras, ese aceleramiento que te pone tan atractiva. A mí me sucedió hace seis meses y es lo mejor que me ha pasado en los últimos quince años; es más, lamento que no me haya sucedido antes, pero no es tan fácil que alguien te guste. Yo antes pensaba que la fidelidad era sinónimo de solidaridad, de lealtad pero ahora me doy cuenta que son cosas distintas. Yo quiero a mi esposo pero también tengo mi espacio privado, el que nadie puede transgredir, un espacio sobre el cual no deben rendirse cuentas.

Fui infiel porque no encontraba placer en la cama con mi marido, pero pagué un precio muy alto. Fui descubierta, me abandonó y me quitó a los niños, no estoy segura de que valió la pena.

¿Has sido infiel alguna vez? ¿Cuál fue el motivo de tu infidelidad?

- Básicamente, la costumbre, el aburrimiento, la pérdida del encanto (Paulina, 34, casada).
- Falta de emoción (Roxana, 29, soltera).
- Insatisfacciones de distinto tipo (sexual, económico, emocional). Pero siento que lo más importante es el término de la proyección con la pareja. Cuando ya no hay mucho en común, para qué pensar en caminar juntos (Josefina, 30, casada).
- La rutina, el encanto se había ido, al igual que la magia. Además, ya no lo admiraba como hombre, llevábamos cinco años juntos, yo cambié mucho, pero no así él (Camila, 26, soltera).
- Mejor oferta, por un lado, y aburrimiento en grado superior, por el otro (Mara, 28, soltera).
- Tristeza, soledad, carencia de cariño, incesante búsqueda de afecto (Bernardita, 27, casada).
- Aburrimiento. Deseo frustrado por la otra persona (de soltera, por todo ese absurdo de la virginidad y el miedo a no ser correspondida, me quedé con las ganas. Y todavía tengo, pero...) (Fernanda, 32, casada).
- No sé si hay causas, supongo que sí. Pero yo lo adjudico a que de repente alguien te hace click, te atrae y eso es todo. ¿Acaso tiene necesariamente que haber carencias de todo tipo? No estoy segura (Vania, 33, casada).

¿Has sido infiel? ¿Cuál fue la causa? ¿Es válida la infidelidad? ¿En qué situaciones? ¿Si fueras infiel, lo contarías? ¿Justificas la infidelidad bajo ciertas circunstancias? Si tu mejor amiga estuviera siendo infiel ¿tú qué harías?; ¿perdonarías una infidelidad?

21 Preguntas frecuentes

Aquí contesto las preguntas más frecuentes que me han hecho a lo largo de mi vida, tanto hombres como mujeres. Comparto contigo información que puede servirte, eliminando falacias y mitos comunes.

¿El sexo me aburre? Llevo muchos años en mi relación de pareja y ya lo hice todo, ¿el sexo siempre muere?

No, no creo que el sexo muera; mueren las ganas de trabajar para tener buen sexo, les gana la pereza y el derrotismo. La mejor arma de un amante es la novedad, la ilusión de conquistar territorio desconocido. Las armas del viejo amor son lo conocido, la confianza, la desinhibición, la buena comunicación.

Me encanta lo que dice Tracey Cox en su libro *Hot sex*: "Creer que el sexo se apagó con el tiempo es lo mismo que no solicitar un trabajo porque tienes el convencimiento de que no te lo van a dar".

Es común que se pierda el deseo pero es mejor luchar y recobrarlo.

Tengo dos años de casada y sigo teniendo dolor durante la penetración. ¿Qué hago?

Algunas mujeres sufren de dispareunia, dolor durante las relaciones sexuales, y los motivos pueden ser muchos. Tal vez no haya suficiente lubricación vaginal, motivada por un problema hormonal o por una infección. Habría que atenderse con un ginecólogo y utilizar gel lubricante soluble en agua.

La mala lubricación también podría darse debido a una parca calidad de caricias y excitación.

Por miedo al dolor, muchas mujeres contraen la musculatura vaginal durante la penetración y eso fuerza mucho la entrada. Hay que aprender a relajar la vagina (ejercicios de Kegel).

Puede haber un temor exagerado al encuentro sexual, debido a traumas de violación o abuso sexual que no estén superados.

También puede haber vaginismo, dolencia por la cual, debido a factores psicológicos, la vagina sufre un espasmo muscular y se cierra.

Si el ginecólogo no observa nada fuera de lo normal, visita a un terapeuta sexual.

¿Con mariguana o éxtasis el sexo es mejor?

La droga, en general, puede provocar deseo, en algunos casos vigorizar y excitar de forma poco usual, en otros puede provocar pérdida de erección o no lograr el orgasmo. También puede ser una experiencia sexual que te lleve al cielo. El problema estará al otro día, cuando tengas sexo sin droga. ¿Cómo crees que te sentirás cuando no alcances ni la mitad de las sensaciones que tuviste drogada? Querrás sólo hacerlo bajo el efecto de la sustancia y eso no te conviene.

¿Realmente existen los afrodisiacos?

Desde hace siglos continúa la búsqueda de una hierba, droga o poción que aumente el deseo e incremente la libido sexual. Hasta ahora ninguna sustancia ha demostrado ser efectiva, a pesar de lo que dicen las campañas que le hacen propaganda a esos productos.

Se cree que a los alimentos llamados afrodisiacos se les da ese valor por su semejanza a los genitales, como en el caso de las ostras, el plátano, la nuez, la cereza, etcétera.

Se habla de que la yohimbina, el ginsen, vitaminas y la mosca española son afrodisiacos naturales, esto no es verdad y algunas de ellas pueden causar problemas graves.

La compra de ese tipo de productos es un desperdicio de dinero, que se gastaría mejor con una visita al terapeuta sexual.

¿Por qué es necesario que la mujer tenga un orgasmo? Si el orgasmo masculino es un paso importante en la reproducción, ¿qué intervención tiene el orgasmo femenino en la misma?

No hay respuesta, se cree que las contracciones vaginales del orgasmo pueden ayudar al esperma en su paso por el cerviz, pero se sigue discutiendo al respecto. Una mujer puede embarazarse aunque no tenga orgasmo.

¿La masturbación es mala para la salud? No.

¿La masturbación afecta la fertilidad? No.

¿La masturbación puede causar locura? No.

¿La masturbación puede alargar el tamaño del pene? No.

¿Lavando mis genitales después de tener una relación sexual puedo evitar el embarazo?

No, los lavados vaginales con agua, vinagre, bicarbonato, etcétera, no son un método anticonceptivo. Una vez que un hombre ha eyaculado en la vagina, los espermas ascienden rápidamente hacia las trompas de falopio donde llegan en cuestión de segundos.

No se recomiendan las duchas para la vagina, ya que eliminan mucosidad necesaria para la protección contra enfermedades.

Yo era virgen, y en mi primera relación sexual no sangré; ahora mi novio no me cree. ¿Me puede explicar cómo sucedió eso?

La palabra "virgen" está designada a mujeres y hombres que no han tenido relaciones sexuales.

En el pasado se creía que el himen, una delgada membrana muscular que cruza la vagina cerca de la abertura de los labios menores, permanecía allí hasta que la mujer tuviera su primera relación sexual, y entonces se rompía, provocando sangrado y dolor, prueba inequívoca de que esa mujer era virgen.

Ahora sabemos que las membranas comienza a desaparecer poco después del nacimiento y continúan haciéndolo durante la niñez y la adolescencia. Si el mito de la membrana intacta fuera verdad, ninguna mujer podría menstruar sino hasta la primera relación sexual, porque el flujo menstrual quedaría retenido en el himen.

Nuevas investigaciones aseguran que de cada 10 mujeres, 6 no sangran en su primera relación sexual, además de que hay muchas mujeres que nacen sin himen.

El rompimiento del himen pudo haber sido durante la adolescencia, por la mala introducción de un tampón, un dedo o hasta un golpe o una caída, y sin que te hayas dado cuenta. También es cierto que hay himen elástico, que se repliega durante el acto sexual, pero que no se rompe.

El hecho de que una mujer no sangre o no sienta dolor en su primera relación no es un indicador de que no es virgen.

Es importante establecer una relación de plena confianza en la pareja para que ésta sea sana y pueda vivir su sexualidad con libertad. El hecho de que tu novio no te crea me hace pensar que hay inseguridad y falta de conocimiento. Tienen que trabajar más en la confianza mutua.

Mis labios mayores son extremadamente grandes.
Salen por dentro de los labios menores.
¿Soy anormal?

Eres completamente normal. No es raro que los pliegues internos salgan al exterior. Los genitales externos de las mujeres varían mucho en tamaño, forma y color.

Las mujeres no estamos acostumbradas a ver otros labios vaginales, pero hay muchas como tú. Ama tu cuerpo tal cual es. Si no te sientes a gusto puedes intentar la cirugía plástica, aunque podría quitarle un poco de sensibilidad al área.

Se dice que la cima sexual de los hombres es a los
18 años y la de las mujeres cerca de los 40, ¿es verdad?

Si te refieres al número de orgasmos que pueden conseguirse, hay evidencia científica que apoya la idea de que la cima sexual de las mujeres se produce más tarde que la de los hombres.

Se ha informado que los hombres menores de 25 años tienen más cantidad de orgasmos que los mayores; también tienen periodos refractarios más cortos, en algunos casos un minuto entre orgasmo y orgasmo.

En cambio, las mujeres reportan más orgasmos entre los 25 y 45 años de edad.

¿Cuál es el método anticonceptivo 100% seguro?

Todos los métodos tienen un margen de error, incluso los permanentes, como la ligadura de trompas o la vasectomía.

Cualquier contacto sexual que incluya que el semen sea deposita-do dentro de la vagina tendrá un riesgo de embarazo.

Una pareja que esté lista para las relaciones sexuales tendrá la responsabilidad de saber cómo funcionan los métodos anticonceptivos y los riesgos que conlleva el no utilizarlos correctamente.

Claro que hay métodos más seguros que otros. Los métodos más seguros son (en orden de seguridad):

a) La vasectomía y la ligadura de trompas.
b) Las pastillas anticonceptivas, las inyecciones, el implante subdérmico y el DIU.
c) Los métodos de barrera: diafragma, esponja, condón femenino y masculino.
d) Los métodos químicos: óvulos, espermicidas, geles, espuma.

No todos los métodos son recomendables para todas las personas.

He oído hablar mucho sobre la eyaculación precoz, pero no sé qué la provoca; suponiendo que no hay una razón física, ¿por qué un hombre empezaría a eyacular de manera prematura?

Se cree que hay muchas causas. Por ejemplo, durante la adolescencia muchos jóvenes se apresuran a eyacular al masturbarse para que no los vayan a sorprender. Algunos adolescentes participan en concursos de eyaculación donde los ganadores son los que eyaculan más rápido.

Un factor importante es la prisa que tienen muchos jóvenes al tener relaciones sexuales, ya que el lugar que eligieron, el auto o el cuarto de los padres, es muy riesgoso y los pueden sorprender, por lo cual deben eyacular rápido.

Otra forma de iniciarse como eyaculador precoz se encuentra en aquellos que practican el coito interrumpido como método anticonceptivo,

171

ignorando las sensaciones que produce el contacto prolongado de la vagina. Y cuando dejan de practicar este tipo de coito, tienen la pauta de contacto breve y les cuesta trabajo controlarse.

Mucha angustia por un buen desempeño, miedo a perder la erección antes de eyacular, una relación íntima violenta o posesiva, un hombre ansioso, son algunos de los motivos.

La idea básica es aprender a reconocer el nivel de excitación que precede al momento de la eyaculación y reducir el movimiento y la frotación hasta que la sensación de urgencia pase y así continuar con la actividad.

Es importante mencionar que hasta los hombres que comúnmente lo controlan, en ocasiones eyaculan con mucha rapidez y esto se puede deber a un largo periodo de abstinencia o a que estén muy excitados.

Yo eyaculo muy rápido, en menos de un minuto. Un amigo mío me comentó que eso se debe a que no estoy circuncidado, ¿esto es verdad?

Muchos hombres que eyaculan rápido y no están circuncidados suelen culpar al prepucio de su problema, mientras que muchos hombres circuncidados que eyaculan demasiado pronto culpan de la situación a no tenerlo.

Ninguna de las opiniones es válida. Cada hombre reacciona diferente a la estimulación, que no depende únicamente del prepucio. Poco se ha visto de diferencia en cuanto al placer y la sensibilidad entre hombres circuncidados y no circuncidados.

Mi novio insiste en querer realizarme sexo oral y a mí, sinceramente, me preocupa el olor desagradable de mi vagina; una amiga me recomendó hacerme una ducha vaginal, ¿qué tan recomendada es ésta?

Recuerda que es primordial no realizar un acto con el que no te sientas a gusto sólo por complacer a tu pareja, ya que será una experiencia desagradable; habla con él acerca de cómo te sientes y escucha su punto de vista.

Las duchas vaginales, en general, son poco recomendables, por el riesgo de que se introduzcan microorganismos al interior. Cualquier sustancia puede causar irritación o reacciones alérgicas, eliminan la lubricación natural de la vagina y cambian el PH natural, eliminando bacterias benéficas, así como la mucosidad que protege al órgano sexual de la invasión de elementos extraños.

Te sugiero no utilizar estas duchas, una buena higiene es suficiente.

Tengo veinte años y quizá le resulte estúpida mi pregunta.
¿Hay alguna forma de saber si un hombre es virgen?

No hay modo alguno de saberlo. Y, exceptuando algunos casos raros, tampoco puede saberse si una mujer tuvo relaciones sexuales anteriormente.

Tuve relaciones sexuales sin protección y sospecho que adquirí
una infección o una enfermedad. ¿Cómo me doy cuenta de ello?

Los síntomas pueden ir desde cambio en el color u olor del flujo vaginal, secreciones, ganas frecuentes de orinar acompañadas de ardor y dolor, comezón en genitales, erupciones en la piel, llagas, verrugas o úlceras, inflamación de vulva, fiebre, inflamación de ganglios, diarrea, sudoraciones. O no tener absolutamente ningún síntoma

Es muy importante no esperar, si hay alguna duda hay que acudir a un centro de salud o con un ginecólogo.

La detección a tiempo puede salvarte la vida.

Yo tomo pastillas anticonceptivas y una amiga me dijo
que algunos medicamentos, como el analgésico, puede
intervenir en la eficacia de la pastilla. ¿Es esto cierto?

Sí, las interacciones con algunos fármacos pueden reducir la efectividad de los anticonceptivos vía oral.

Algunos de ellos son los antibióticos, en especial la ampicilina, que se receta comúnmente. Otros medicamentos que pueden interferir en la eficacia de los anticonceptivos orales son los sedantes y los anticonvulsivos.

También trabajan a la inversa algunas pastillas anticonceptivas, pues pueden reducir la efectividad de algunos medicamentos, como los anticoagulantes, los antidepresivos y algunos antibióticos.

Si vas a tomar algún medicamento, es importante mencionarle al médico que tomas anticoncepción oral, así él sabrá si te la cambia o te propone otro método anticonceptivo por un tiempo.

¿Me puedo tragar el semen de mi pareja sin ningún riesgo?

Durante el sexo oral no hay antecedentes de que tragar el semen (el fluido eyaculado por el hombre durante el orgasmo, que incluye a los espermatozoides) sea dañino para la salud, a menos que el semen proceda de alguien que tiene una enfermedad transmisible por vía sexual. Las enfermedades que pueden trasmitirse por el semen incluyen gonorrea, clamidia, hepatitis B y el virus del VIH, así es que mejor protéjete.

¿Existe posibilidad alguna de contagiarme de alguna enfermedad o infección practicando sexo oral sin protección?

Existen evidencias clínicas de que muchas de las enfermedades sexuales pueden transmitirse por el contacto oral-genital.

La gonorrea, el herpes, el virus del papiloma humano, la cándida y la sífilis están entre ellas.

Las membranas mucosas de la boca son similares a las de los genitales, así que cuando la boca se pone en contacto con una zona infectada, puede contaminarse.

Lo que se recomienda para no correr el riesgo es utilizar un preservativo en el caso de la felación (sexo-oral sobre el pene) para que el miembro masculino no toque ni la boca ni los labios de la mujer...

En el caso del cunnilingus (sexo-oral sobre la vulva) hay que colocar un condón femenino o un papel plástico egapack (aquel que se utiliza para tapar la comida) como protección.

Los individuos infectados a veces no experimentan síntomas, pero si tienes dudas, mientras más rápido te atiendas, menos riesgos correrás.

Mi novio y yo estábamos acariciándonos con ropa interior puesta y él eyaculó, ¿puedo quedar embarazada?

El embarazo sólo se puede producir cuando el semen del hombre es depositado dentro de la vagina de la mujer, o por lo menos el líquido de excitación que sale antes. No hay embarazo con ropa, los espermas no vuelan ni pueden atravesarla.

¿Cómo se transmite el VIH?

Únicamente de tres formas:

a) Por contacto sexual no protegido, al intercambiar fluidos corporales como sangre, semen, líquido preeyaculatorio y secreciones vaginales con una persona infectada.
b) Por vía sanguínea, cuando se realizan transfusiones con sangre infectada o al compartir jeringas.
c) Por vía perinatal, de una madre infectada a su hijo, ya sea durante el embarazo, el parto, o bien durante la lactancia, por medio de la leche materna.

No se transmite por usar el mismo W.C., por lágrima, alberca, utensilios de cocina, ni por usar el mismo tenedor, ni por estornudo, ni por orina, ni por la ropa. Y tampoco por dar la mano al saludar.

¿Por qué logro un orgasmo por medio de la masturbación y no lo logro por medio del coito?

Esto es muy común, se calcula que el 40% de las mujeres no logra el orgasmo por penetración. Se acostumbran al contacto directo del dedo con el clítoris y les cuesta trabajo cuando no sucede así.

La mayoría de las mujeres que no logran el orgasmo vaginal pueden lograrlo si estimulan el clítoris al mismo tiempo que cuando las están penetrando. Con frecuencia, a las mujeres les agradan las técnicas que proporcionan este tipo de estímulo porque la experiencia orgásmica es particularmente vívida y profundamente placentera si el pene erecto se halla dentro de la vagina en el momento del clímax.

Existen varias posiciones cómodas que permiten el estímulo clitórico y la penetración. Lado a lado, la mujer en posición superior, el hombre arrodillado.

Las mujeres que nunca han experimentado el orgasmo durante el coito suelen sentirse muy frustradas y tienden a sobrevalorar la experiencia. A menudo se sienten inferiores a las mujeres que lo pueden sentir.

La resolución feliz de las dificultades sexuales femeninas depende de la aceptación, por parte de ambos cónyuges, de las necesidades y deseos de la mujer, sin culpa, vergüenza ni ansiedad.

¿Por qué puede fallar un preservativo?

El preservativo no falla, la mayoría de las veces en que no funciona correctamente se debe a la forma en que se utilizó.

En principio, al comprar el condón se debe revisar la fecha de caducidad que viene en el paquete, cosa que generalmente no hacemos ya que si está vencido puede haberse deteriorado. No se debe exponer al calor, se debe mantener en un lugar fresco y no húmedo. Mucha gente lo guarda en la guantera del automóvil o en la cartera, exponiéndolo a constantes cambio de temperatura.

Los condones son, en su mayoría, de látex, pero los hay de polietileno y de piel de cordero. Se dice que el látex no permite mucha sensibilidad a los hombres, pero al elegir los de cordero están exponiéndose porque aunque tienen mayor sensibilidad durante el coito y no permite el paso de los espermatozoides, permite que algunos virus muy pequeños entren por la uretra.

Ahora hay preservativos de colores, sabores, tallas, secos o lubricados, fosforescentes y hasta comestibles. Esto es parte del juego presexual para hacerlo más atractivo, pero se corre el riesgo de que, precisamente, la colocación o el uso se haga como juego.

Los hombres que prefieren comprar el tamaño grande porque sienten que eso los hará más atractivos permiten que su eyaculación salga del preservativo.

Algunas personas quieren mayor lubricación y colocan aceites de bebé o vaselina sobre el preservativo, esto puede romperlo o hacerlo poroso, si quieren aceitarlo háganlo con un lubricante a base de agua como K-Y de Johnson y Johnson.

No abran nunca el empaque con los dientes, porque en la desesperación y la prisa pueden romperlo, basta una abertura milimétrica para poder quedar embarazada o contagiarse de alguna enfermedad.

No se debe usar el mismo preservativo dos veces. Una vez que se abrió y se colocó, aunque no se haya usado, debido a pérdida de erección o lo que sea, se debe desechar.

Hay que leer el instructivo alguna vez en la vida para saber cómo se usa. Todos los paquetes lo traen. En una plática, en una universidad sobre el uso del preservativo, se hizo un ejercicio y el resultado fue que muchos hombres no sabían cómo utilizarlo correctamente. Les recomiendo a las mujeres estar bien informadas, porque si saben cómo se usa, pueden evitarse problemas.

¿Qué es el condón femenino, cuáles son sus ventajas y dónde se consigue?

El condón femenino es un tubo de plástico de poliuretano, más resistente que el látex del que está fabricado el condón masculino.

En los extremos tiene dos anillos flexibles, uno que sirve de fijación en el interior de la vagina y otro, que permanece fuera, con lo que brinda protección durante el coito.

Protege contra enfermedades de contagio y contra embarazo, su colocación es rápida y cómoda, se puede utilizar durante la menstruación y el posparto. En México no hemos tenido educación sobre este producto, pero su uso es cada vez mayor.

Su efectividad varía del 90 al 98%.

¿Cuáles son los anticonceptivos de emergencia?

También llamada "la píldora del día siguiente", previene el embarazo inmediatamente después de haber tenido relaciones sexuales sin protección; no es una pastilla abortiva. El método consiste en tomar dosis concentradas de estrógenos y progesterona. Es necesario tomar la primera dosis antes de 72 horas del sexo no protegido.

La anticoncepción de emergencia funciona dependiendo el momento del ciclo en el que te encuentres; así, actúan:

- Deteniendo la liberación de los óvulos.
- Impidiendo la fecundación.
- Impidiendo la implantación del óvulo fecundado en el útero.

Los criterios médicos indican que una vez que el óvulo se implanta en el útero fecundado y comienza a nutrirse de él, comienza el embarazo, por lo que este método no se considera abortivo.

Si estoy embarazada y me tomo la píldora de emergencia, ¿qué sucede?

Si ya hay embarazo, el método no interrumpe ni altera el proceso de gestación, tampoco provoca daños al embrión.

Escuché que el coito interrumpido no es un método anticonceptivo, ¿eso es verdad?

El "coito interrumpido" consiste en que cuando el hombre está a punto de eyacular, saca su miembro de la vagina y eyacula fuera de ella; por muchos años se creyó que éste era un método anticonceptivo, hasta que comenzaron a darse cuenta de que fallaba; el líquido pre-eyaculatorio que sale por la punta del pene sirve para lubricar el canal y contiene una gota de semen con alrededor de un millón de espermas, este líquido sale sin que el hombre se dé cuenta, y si el pene está dentro de la vagina, con un solo esperma es suficiente para un embarazo o la transmisión de una enfermedad sexual.

Así que busca otro método ya que éste no es seguro.

Tengo curiosidad sobre el sexo anal. ¿Me habla de él?

El sexo anal es practicado por algunas parejas heterosexuales como algo normal y cotidiano. El hombre siente placer porque hay mucha fricción en su pene ya que el ano es más estrecho que la vagina y no tiene lubricación. La mujer puede quejarse de no sentir placer y registrar dolor. Los tejidos de esa zona son sensibles y pueden irritarse. No existe el orgasmo anal femenino pero se puede estimular el clítoris al mismo tiempo que la penetración y eso sin duda ayudará.

Para practicarlo se recomienda usar gel vaginal en abundancia, hacerlo despacio, con suavidad y con condón, ya que después de la penetración anal muchas veces se procede a la penetración vaginal y eso puede provocar una infección. Es correcto si así desean intentarlo, pero también respeta si a tu pareja no le gusta.

¿Quiero saber si los métodos para alargar el pene son eficaces? Bombas...

Estos métodos no son efectivos pero sí peligrosos, puesto que producen lesiones en el frágil tejido eréctil. En general, el tamaño erecto del pene de la mayoría de los hombres es el adecuado para dar satisfacción a la mujer, recordando que el órgano sexual más importante de la mujer es el clítoris y se encuentra fuera de la vagina. Si tu pareja tiene conocimiento acerca del tema sabrá que no necesita un pene grande para darte un orgasmo. La cuestión del tamaño reside en la mente.

Si no te sientes a gusto con tu pene visita a un sexólogo, si bien no va a hacer que crezca, te ayudará a elevar tu autoestima y comprender que tu cuerpo es maravilloso tal y como está.

¿Se pueden tener relaciones durante la menstruación? ¿Es un método anticonceptivo?

Las relaciones sexuales durante la menstruación son practicadas por mucha gente. No existe ningún impedimento físico ni enfermedad que se contagie o forme por esta situación, aunque si existe el VIH en la mujer, será más fácil transmitirlo en esos días; a muchas no les gusta porque se sienten sucias, otras dicen que con el contacto sexual disminuyen los cólicos menstruales; más de un hombre evita esos días y para otros es excitante. Definitivamente es una elección personal.

Muchos lo utilizan como método anticonceptivo y eso es un error, existen mujeres que han quedado embarazadas en ese periodo, pues ovularon a destiempo (no es lo común, pero no queremos hijos producto de posibilidades).

A mi novia le duele la penetración, tengo el pene muy grande (18 cm.) ¿Puede ser este el motivo?

Quiero que sepas que cuando hay molestia en la penetración se puede deber a muchas causas. Cualquier pene entra en cualquier vagina bien lubricada. El tamaño de tu pene no es tan grande, lo primero sería que te aseguraras de que, antes de penetrarla, ella esté lo suficientemente excitada, lubricada y no tenga sentimientos de culpa o miedo; pregúntaselo. Si está nerviosa por el dolor o tiene ansiedad, su vagina se va a secar; tranquilízala y, sobre todo, penetra bien despacio, sin fuerza. Dale confianza, practica una posición con la que se sienta cómoda; quizá ella arriba, para que pueda introducir tu pene a placer. Se sentirá mejor si se ponen de costado los dos, viéndose de frente, en esa posición no es tan profunda la penetración. Yo le sugeriría a ella que realizara los ejercicios de contraer y relajar la entrada de la vagina, los ejercicios de Kegel. Si nada de lo anterior resulta, te recomiendo visitar a un sexólogo o a un ginecólogo.

Quisiera saber si es normal que a mi novio le guste que le estimule el ano

El ano es una zona erógena para hombres y mujeres, que algunas veces se deja de lado debido a las inhibiciones que nos limitan sexualmente, y aseguran que es un área sucia y pecaminosa. Existen hombres que rechazan tajantemente la estimulación de esta zona, y aunque están en todo su derecho, quizá estén limitando su placer. Varias mujeres se asustan porque a sus hombres les gusta la estimulación anal, ya que, piensan que ello es privativo de los homosexuales; esto no es verdad.

La zona que está alrededor del ano y cerca de la próstata, dentro del recto, es muy erógena. La estimulación de ese sitio intensifica las sensaciones orgásmicas posteriores.

No te inquietes, seguramente tu pareja es muy erótica y goza sin inhibiciones del placer que le proporciona su cuerpo. Gózalo.

Me gustaría saber por qué desde que nació nuestro hijo, mi relación de pareja, afectiva y sexual, se ha distanciado...

El cambio de vida que están experimentando con la llegada del bebé estresa mucho. Una gran cantidad de hombres se sienten relegados y poco atendidos en ese momento y quieren acercarse y estrechar vínculos por medio del sexo; en cambio, para la mujer el cansancio y las nuevas responsabilidades provocan poco deseo.

Debes saber que hay dos hormonas que juegan un papel muy importante en cuanto al deseo y la lubricación; éstas son la testosterona y la prolactina. La prolactina se encuentra en el cuerpo de la mujer durante la lactancia. Por lo que durante esa época, generalmente bajará el deseo y la lubricación. Los consejos que te puedo dar son, utiliza un lubricante artificial durante el tiempo que lo necesiten. Relájense. Dense tiempo de pareja sin el bebé, vayan a un hotel a pasar unas horas, contrata a alguien que lo cuide y trata de descansar.

Procuren ser creativos y renovar posiciones o fantasías, vean alguna película erótica. Esta época es difícil, es cuestión de tiempo y de darse espacios para estar a solas.

Mi pareja (36) y yo (41) hemos caído en la monotonía sexual. ¿Qué podemos hacer?

La monotonía sexual es uno de los temas más frecuentes dentro de la consulta. Con el tiempo, las obligaciones y muchas cosas más, las parejas terminan en relaciones sin interés ni emoción y poco atractivas; por lo mismo, se van espaciando hasta casi desaparecer. Lo primero es saber que la cantidad de relaciones sexuales no es importante si los dos se sienten satisfechos. La frecuencia puede bajar más no la calidad. La clave es hacer conciencia de que quieren hacer algo más con la relación, y trabajar en pareja para conseguirlo.

Usa tú imaginación y manos a la obra, te puedo dar algunas ideas: compartan fantasías, platiquen de cambios atrevidos que les gustaría hacer, desde tener relaciones en un motel o practicar un *striptease*. Si tienes inquietudes sobre ver películas o utilizar objetos sexuales adelante, siempre y cuando los dos estén de acuerdo. Muchos hombres le tienen miedo al vibrador, sienten que va a utilizarse como sustituto del pene y no es verdad. El vibrador se usa como un estimulador artificial; por ejemplo, en la posición de perrito puedes estimular el clítoris con el vibrador para mayor satisfacción de ella, mientras está siendo penetrada, o ponerlo en la entrada de su ano, introduciéndolo o no, según el gusto. Utiliza tu creatividad y estimula zonas erógenas con él, recuerda el Punto P del hombre. No hay ningún peligro en tratar de ampliar nuestras estrategias en la cama y fuera de ella. Dedica tiempo, imaginación y deseo. No te desesperes, todos pasamos por rachas malas y buenas, sólo mantente alerta.

Me excito mucho cuando veo senos, pero yo soy mujer, tengo a mi novio y soy feliz con él; no me gustan las mujeres. ¿Qué me sucede?

Para tu tranquilidad, lo que te sucede es normal y lo que indica tu excitación es que eres sumamente erótica. Nos da miedo pensar que si nos gusta una mujer podríamos ser lesbianas y no es así. La belleza es un valor general, es apreciada y puede excitar. Hay cosas dentro de la sexualidad que son incontrolables y la fantasía es una de ellas. No te reprimas, no le temas. Incontables mujeres se excitan con otras mujeres pero pocas lo reconocen. Disfruta del placer que te da esta experiencia.

¿Qué días puedo tener relaciones sexuales y no preocuparme por quedar embarazada?

No hay días garantizados como "seguros" en los que no puedes concebir. No hay reglas que se apliquen a todas las mujeres. En cualquier momento puede haber una descarga de óvulo y un esperma que lo fecunde (los espermas pueden vivir hasta ocho días en el tracto reproductor de la mujer). Las mujeres que son irregulares difícilmente pueden saber qué día ovulan. Los días de mayor posibilidad de embarazo en mujeres regulares son del día 11 al día 17, contando como día uno el primer día de sangrado.

El tamaño de mi pene me preocupa. ¿Cuál es la medida normal?

No existe una medida normal o anormal; según el sexólogo John Money, el pene erecto mide entre 12.5 y 17.5 cm de largo. Tamaño adecuado para el funcionamiento sexual. El problema de no funcionamiento tendría que estar localizado en un pene erecto menor de 5 cm.

Durante la erección, los penes pequeños y flácidos se alargan en un porcentaje mayor que los penes grandes. Muchos hombres se comparan con los de las películas pornográficas, que precisamente son contratados por tener los penes más grandes. El sentimiento general del hombre es que, aunque digan que no, las mujeres los prefieren grandes. La habilidad de complacer, la masculinidad y la capacidad sexual no tienen que ver con el tamaño. El órgano genital de mayor placer en la mujer es el clítoris, y es mejor estimularlo con la mano que con el pene. Aprende a disfrutar de tu cuerpo tal y como es. Recuerda que el erotismo y la sensualidad poco saben de tamaños y sí mucho de fantasías, imaginación y placer.

¿Cuántas calorías se queman durante el acto? Un amigo me dijo que es como correr un maratón.

Si dedicas el mismo tiempo que utilizas para prepararte para el maratón o el tiempo que dura la carrera, aproximadamente dos horas y media, a tener relaciones sexuales, quizá quemes algunas calorías. Se consumen 6.4 calorías por minuto durante la etapa preorgásmica y posterior al orgasmo. Así que no, no bajarás de peso.

¿Una mala vida sexual es la causa principal de divorcio?

Según mi experiencia, no. Los desacuerdos respecto al dinero, la familia, los objetivos personales y la forma en que la pareja distribuye su tiempo libre son las causas más comunes. Estos problemas corroen los sentimientos de afecto y entonces nacen los problemas sexuales. El Instituto Kinsey informa que de 100 parejas que se autodefinen como "felices" el 67% de esposas y el 50% de los esposos declaran dificultades sexuales. Parece que cuando otros aspectos del matrimonio caminan bien, la pareja puede tolerar un nivel alto de insatisfacción sexual sin desear el divorcio.

Yo les doy mi opinión: si no están satisfechos con su relación sexual, busquen ayuda, las cosas pueden cambiar.

¿Cuál es la posición sexual que más les gusta a los hombres?

Primero que nada debe quedar claro que cada hombre y mujer son diferentes. Que cada uno tiene su propia historia y sus propios gustos. Lo mejor que puedes hacer para saber qué posición le gusta a tu pareja es preguntarle. Hay que platicar y comunicarnos. Si hablamos de estadísticas, la posición número uno mencionada por los hombres es la de penetración vaginal por detrás, con la mujer apoyada en manos y rodillas. (Posición de perrito.)

Las razones estriban en que en esta posición la penetración es muy profunda y hay mayor fricción del pene en la vagina; la postura es de dominio y la dimensión en que se ve el cuerpo de la mujer resulta tremendamente excitante.

Las mujeres se quejan de que en esta posición no sienten nada porque incluso no existe contacto visual. Si ellos quieren que ellas estén dispuestas, estimulen senos y clítoris mientras penetran. Además, coloquen una almohada bajo las rodillas de ella para que la penetración sea menos profunda.

¿Cuál es la posición que más gusta a las mujeres?

No se debe generalizar. Cada mujer es incomparable y prefiere posiciones en las que se le facilita llegar al orgasmo. Si realmente quieres saber tienes que preguntárselo a tu pareja. Aunque el orgasmo no debe ser el único objetivo de una relación, sino el contacto con el placer, el gozar y compartir. Según estadísticas, la posición que más reportan las mujeres como placentera es donde ellas están arriba. ¿Por qué? La mujer maneja la velocidad, la fricción que necesita y lleva el control.

Generalmente, en esta posición las mujeres hacen el movimiento de arriba hacia abajo y para tener mejores resultados deben inclinarse ligeramente hacia delante.

¿Puedo saber si una mujer finge un orgasmo?

No hay posibilidad de que sepas la verdad, a menos que se conecte a la mujer a un aparato de medición fisiológica que controle el ritmo cardiaco, la lubricación vaginal, la actividad cerebral y todos los aspectos por los que pasa el cuerpo durante el orgasmo.

Lo interesante es ¿por qué te importa? Muchos hombres miden su eficiencia sexual según el orgasmo de la mujer. Algunas mujeres dicen fingir el orgasmo para no herir los sentimientos de su pareja. Eso no está bien.

Tú no le "das" un orgasmo a nadie. Recuerda que la responsabilidad del orgasmo es de ella. Lo que sí puedes hacer es aprender qué es lo que la enciende, qué la excita y qué no le gusta. Platiquen de sus gustos y placeres

¿El practicar la vasectomía afecta la masculinidad del hombre?

La operación no disminuye el apetito sexual ni su capacidad de lograr o mantener una erección, no limita el alcanzar el orgasmo ni la capacidad de eyacular. Tampoco se incrementa, como muchos piensan, el tamaño de los testículos. Cuando los espermas no son liberados, son reabsorbidos por el organismo.

¿Existen reglas universales de lo que es normal y anormal en el sexo?

No existen reglas universales ya que, según mi cultura, mis costumbres, mis preferencias y mis valores, elaboro lo que es bueno para mí.

Existen culturas que no aceptan socialmente el beso, sienten que únicamente es un intercambio de microbios, algo antihigiénico; mientras otras pensarán que el sexo oral es fascinante.

No busques la aprobación sexual de nadie más que de ti mismo. Si te da placer y los dos están de acuerdo, sin daño físico ni emocional, adelante. Tú eres tu propio juez.

El sexo oral es sucio ¿o no?

El sexo oral es una actividad que muchas parejas practican como juego previo a la relación o como finalidad para llegar al orgasmo. Las personas que lo practican suelen verlo como parte normal y placentera de la vida sexual. Algunos encuentran esta actividad como algo incomprensible o tema tabú; el tema los ofende. Nadie está obligado a hacer algo que se opone a sus deseos, pero, a veces, la gente cambia de opinión con el tiempo.

Esta actividad es muy antigua y ha sido practicada en muchas culturas. Un estudio del Instituto Kinsey informó que más del 90% de las parejas casadas, en Estados Unidos, menores de 25 años, practican el sexo oral.

En cuanto a la higiene, se intercambian más microbios en un beso que en el sexo oral. Es una decisión personal.

Me sucede algo muy curioso después de experimentar un orgasmo intenso; siento una gran ternura hacia la persona con la que hice el amor y suelo llorar ¿Qué es lo que me sucede?

Se le llama *Post coitum omne animal triste* (Todos los animales se sienten tristes después del coito), lo dijo Galeno, un médico griego del siglo II.

185

El llanto se puede asociar con alegría, así que no es correcto suponer que las lágrimas indiquen solamente tristeza.

Al experimentar un acercamiento sexual profundo en el que se mueven sentimientos, las emociones entran en juego: alegría, tristeza, tranquilidad y alivio. A través del orgasmo podemos liberarnos de tensiones acumuladas y así dejar aflorar sentimientos que tenemos bloqueados. Escucha a tu cuerpo, es inteligente y sabe lo que necesita. La emoción intensa que incluye risa o llanto, puede ser signo de algo maravilloso.

Existen ocasiones en que algunas personas registran sentir un vacío después del coito, eso se asocia a que quizá la pareja con la que se compartió el sexo no fue la adecuada; no hubo sentimiento alguno de cariño.

¿Es cierto que abstenerse de tener relaciones sexuales daña la salud?

No hay pruebas que apoyen la idea de que abstenerse del sexo enferme, aunque sí hay evidencia de que mucha gente sugiere que el tener un orgasmo o una experiencia sexual, producidos regularmente, puede ser un elemento de buena salud. Ya que ejercitan sus órganos sexuales, su sistema circulatorio, y se produce el valioso intercambio químico entre hombre y mujer.

Las mujeres posmenopaúsicas que se masturban tienen el tejido vaginal, el tracto urinario y los genitales externos más saludables que las mujeres que no tienen ningún desahogo sexual.

Algunos urólogos sugieren que los hombres tengan orgasmos y eyaculaciones con regularidad para evitar problemas en la próstata.

No se sabe cuál es la frecuencia correcta, porque para cada persona esto varía. Pero fuera del orden científico, es importante para la salud tener relaciones sexuales cuerpo a cuerpo.

22 Diviértete con el sexo y sé original

A lo largo de mi vida personal y profesional me he dado cuenta de que la unión de la creatividad, la sorpresa y la diversión son la clave para una buena relación sexual.

Te ofrezco algunos consejos generales que he recopilado e inventado para ti. Agradezco a amigas, pacientes y familiares el que hayan compartido sus éxitos para enriquecer este libro. Seguramente algunos de estos consejos te harán reír y decir: "Ni loca lo hago", pero te aseguro que te pueden hacer pasar un muy buen rato.

Toma un lápiz y marca los que creas que pueden funcionarte. Abre tu mente y adelante.

- Observa tu habitación, ¿parece más un santuario sexual o un cuarto de niños? Renuévalo. Quita todo lo relacionado con tu trabajo, compra velas, cd's de música romántica, sábanas nuevas perfumadas.
- Si quieres cambiar un poco el escenario para hacer el amor forra varios focos de tu cuarto o lámparas con papel celofán rojo. Es algo divertido y diferente.
- Deslízate por sábanas de satín; te resbalarás y él también, y así estimulas la piel, el órgano sexual más grande del cuerpo.
- Una tina llena de burbujas, tú en ella desnuda, y la invitación a que te acompañe, será una experiencia emocionante, así como el mejor de los regalos para cualquier hombre.
- En los lugares diseñados para hacer el amor siempre encontrarán espejos: en el techo, en la pared o donde sea. El espejo refleja

el deseo e incrementa las sensaciones eróticas al observarse a uno mismo y a la pareja en plena relación sexual. Así que, si no tienes uno, a comprarlo y experimentar.

🔑 Usa una falda, pero olvida ponerte ropa interior y avísale una vez que ya estén fuera de casa. Será muy excitante para ambos, sobre todo para él, pensar que estás a su lado y el camino está libre. De preferencia cuando vayan a algún lugar con otras personas, pon su mano sobre tus genitales como prueba de ello, espera su respuesta.

🔑 De pronto, que te sorprenda clavándole los ojos al bulto de su pene cuando está vestido; si te pregunta qué haces, contesta: soy una mujer antojadiza.

🔑 Nadar desnudos es un deleite, juntar los cuerpos y frotarlos por debajo del agua resulta delicioso; si puedes, busca un hotel que tenga alberca privada para pasar una noche de ensueño.

🔑 Invítalo a comprar ropa interior contigo, que te elija con qué quiere verte vestida o consigue un catálogo de ropa interior y juguetes eróticos y marquen juntos que se les antoja.

🔑 Sorpréndelo rasurándote por completo la vulva. Puedes dejar una pequeña franja de vello.

🔑 Cuidado cuando hagan cosas diferentes y atrevidas, y siempre tengan un plan B:
Un día, en un hotel de Nueva York, iba subiendo por las escaleras y oí que alguien gritaba: "¡Ayuda!". Al acercarme a la puerta de la habitación, la voz proveniente del interior me pidió que subiera con el gerente y abriera su puerta; la escena era escalofriante: una mujer desnuda, atada con esposas a la cama y su pareja tirada en el piso desmayada. Lo que sucedió fue que él la amarró y saltó del buró, golpeándose la cabeza con la lámpara y desmayándose al instante; ella no sabía qué hacer y no podía moverse.

🔑 El vibrador es un objeto que nos permite disfrutar de estímulos distintos, que puede incrementar las sensaciones placenteras y que te ofrece novedad. Y vamos a dejar algo claro, no es un sustituto del pene. De otra forma, créanme que habría muchas mujeres casadas con vibradores.

🔑 El vibrador no es privativo del placer femenino sino también del masculino. Recuerda que lo puedes colocar en su Punto P mientras lo masturbas o le haces sexo oral.

♟ Una técnica que las expertas nos recomiendan para proporcionar más placer: Con las palmas lubricadas tomas el pene como intentando hacer fuego, bajando y subiendo el movimiento.

♟ Rétalo a un duelo. El primero que tenga un orgasmo pierde y el ganador será acreedor a un masaje, o pon el premio que quieras. Intentar controlar el orgasmo hará más intensa la experiencia.

♟ Si quieres que él tarde más en eyacular, pídele que saque su pene de la cavidad en la que se encuentre, presiónalo con tu mano, colocando tu dedo pulgar en frenillo y el dedo medio e índice del otro lado del glande, sobre la coronilla. Esto hará que la excitación de él disminuya de forma considerable.

♟ Haz gelatina y pon pedazos sobre su cuerpo, come uno a uno, deja los genitales para el final, no se podrá resistir.

♟ Utiliza una mascada para frotar sus genitales, pásala entre sus nalgas, acaricia testículos y pene, hazlo gozar plenamente; al otro día, colócate la mascada en el cuello, no sabrá por qué está excitado sólo de verte.

♟ Vierte un poco de vino en su ombligo y retíralo con la boca, si se escurre para el costado lámelo hasta limpiarlo.

♟ Forma dos anillos con tus dedos pulgar e índice y colócalos en medio del pene. Suavemente gira los dedos en diferentes direcciones, de preferencia que tu mano esté aceitada.

♟ Acaricia sobre la ropa interior su pene y sus testículos. Prohibido retirarlo hasta que de verdad ya no pueda y esté al borde de la eyaculación.

♟ Si le vas a hacer un masaje, además de aceitar tus manos aceita tus senos y con ellos masajea su cuerpo, deslízate sobre el frente y sobre su espalda, es delicioso para ambos.

♟ Ponte un tatuaje temporal o de hena en alguna parte privada y pídele que lo busque, o ponte varios será mas divertido, o colócate perfume en cinco áreas del cuerpo, véndale los ojos y dile que te diga por medio del olfato en dónde las colocaste.

♟ Rétalo cuando su pene esté dentro de la vagina, para ver quién es el primero que necesita moverse; pueden besarse y acariciarse, puedes apretar el perineo.

♟ En cualquier posición: si contraes tus músculos vaginales con el pene dentro, harás más presión y habrá más placer.

- Si tu hombre enloquece por un Ferrari o Corvette, alquila uno, (búscalos en el directorio, incluyen un fin de semana en Acapulco gratis) y haz el amor dentro o sobre él.

- Mándale un mail explicándole qué es lo que le harás en la noche. Sé lo más explícita posible, erótica y sensual. Asegúrate de que sólo él abra su mail.

- Cuando estés en la regadera, grítale que te traiga el shampoo; cuando llegue, pídele que te acompañe o métela con todo y ropa al agua.

- Dale un buen espectáculo, mastúrbate para él. Déjalo observar cómo lo haces, qué tan rápido, dónde colocas tu mano, y al final pídele que te penetre.

- A media noche despiértalo y dile: "No puedo dormir porque tengo ganas de hacerte el amor". Es la fantasía de cualquier hombre.

- Elige una fragancia que sólo uses cuando hagas el amor; y cuando quieras encenderlo, rocía las sábanas con él.

- Déjale en su portafolio o su buró un mensaje agradeciéndole la noche maravillosa que pasaron juntos, es halagador y emocionante.

- Hacerlo sobre la mesa de billar es excitante para aquel al que le gusta este juego; si es fan del fútbol y le va al América, hazlo en el Estadio Azteca o compra una playera del equipo y no te pongas nada debajo; si le gusta el golf, déjale tu huella haciendo el amor en el carrito.

- Si son una pareja de mente abierta y quieres saber qué le excita a tu pareja, vayan juntos a un table dance y que al oído te diga cuánto crece su excitación y con qué elementos, aprenderás mucho.

- Acuéstate boca arriba en la cama con la cabeza colgando, dile que se coloque sobre el piso y que su pene caiga en tu boca, realizarás un sexo oral al revés.

- La próxima vez que viajen en avión, sorpréndelo dándole sexo oral bajo la cobija, a la hora en que la película está a la mitad. Ten cuidado de no hacer movimientos muy bruscos. Decide y prepara qué vas a hacer con la eyaculación (¿para qué crees que sirven las bolsitas que están en la?.... no es cierto!!!!, es un chiste) La mayoría de los hombres incluyen en sus fantasías tener cualquier tipo de relación sexual en un avión.

🔑 Enreda algodón de azúcar sobre su pene y retíralo con la boca, será un deleite para ti y créeme, la próxima vez que él vea algodón se acordará de ti. (Si es muy limpio y no le gusta lo pegajoso ni lo intentes.)

🔑 Escribe en un post-it tu más tórrida fantasía con lujo de detalles, déjalo entre su ropa y prepárate.

🔑 Si quieres saber cuáles son sus fantasías realizables, pídele que escriba 3 en papelitos y tú escribe las tuyas; colóquenlos en una cajita y saquen de vez en cuando una al azar.

🔑 Tú leíste este libro no él, no pretendas que todo lo que hagas te funcione. Hay que conocer a la pareja y saber con quién juegas y con quién no. Y, no porque tú quieras jugar él debe estar dispuesto, ante cualquier sorpresa el otro debe desear jugar y estar de humor, si no puede haber decepción.

Comentario final

La vida sexual puede ser emocionante o aburrida, estar llena de novedades o ser monótona.

Puedes vivir sin sexo o disfrutar de tu cuerpo y el placer. Es una elección. Si leíste el libro, entonces es una elección consciente.

El placer sexual te puede acompañar durante toda la vida, habrá momentos de mayor intensidad, parejas con las que disfrutarás orgasmos intensos y parejas con las que compartirás una charla o una copa. Momentos en los que no desees tener relaciones y momentos en los que no podrás esperar para quitarte la ropa.

Épocas en las que sólo estaremos tomados de la mano y nos haremos compañía, y en las que uniremos, además del cuerpo, nuestra alma.

Esto que acabamos de compartir juntas es mi verdad, no necesariamente la tuya. Es, únicamente, mi aportación, y deseo que te enriquezca como persona y te ayude a vivir mejor tu sexualidad.

Desde mi visión y experiencia como profesional sexual, he intentado reunir la información que me parece importante y relevante para que muchas mujeres como tú puedan perder el miedo, superar los prejuicios, divertirse y adquirir destreza en una área poco explorada. Escribí este libro porque quiero que todas seamos capaces de disfrutar del enorme placer de una sexualidad sana, plena, y abierta.

No todo está dicho en estas páginas, eso sería imposible, la última palabra la tienes tú; tú eres la persona que puede continuar escribiendo los capítulos de este libro, a través de tus experiencias, tus anécdotas, de lo que has probado y te ha resultado significativo en la vida, así como lo que has desechado porque simplemente no va contigo.

Por ese motivo te invito a no cerrar este libro u olvidarte del tema; por el contrario, te invito a tenerlo cerca, acudir a él de vez en cuando, a permitirte tener en tu mente el tema de la sexualidad, a no dejarlo únicamente para la noche, para el momento en que estés en la cama o con una pareja; te invito a considerarte un ser sexual todo el día.

Recuerda que la persona más importante en este mundo eres tú.

Si te amas, si estás bien, si luchas por lo que quieres y lo que deseas, será más probable que encuentres una vida sexual satisfactoria.

Me despido con lo siguiente: estoy convencida de que el placer sexual va de la mano del placer en la vida. Enriquece tu vida, tu relación de pareja, sé feliz y disfrutarás más de tu sexualidad.

Bibliografía

Paget, Lou. *The Big O. Orgasms: how to have them, give them and keep them coming*, Broadway Books, New York, 2001.

Britton, Bryce. *El músculo del amor. Cómo encontrar y estimular el famoso Punto G*, Editorial Roca, Barcelona, 1983.

Drury, Michael. *Consejos de una vieja amante a una joven esposa*, Editorial Océano, México, 1996.

Conrad, Sheree y Milburn, Michael. *Inteligencia sexual*, Editorial Planeta, Barcelona, 2002.

Keesling, Barbara. *Acércate más, sexo y sensibilidad*, Editorial Diana, México, 2000.

Cox, Tracey. *HOT SEX: Cómo practicarlo*, Plaza & Janés, 2001.

Perel, Esther. *Inteligencia erótica. Claves para mantener la pasión en la pareja*, Editorial Diana, España, 2007.

Hite, Shere. *El orgasmo femenino: teorías sobre la sexualidad humana*, Editorial Punto de encuentro, España, 2002.

Hite, Shere. *El informe Hite: estudio de la sexualidad femenina.* Editorial Punto de encuentro, España, 2002.

St. Claire, Olivia. *203 Ways to Drive a Man Wild in Bed*, Harmony Books, New York, 1993.

Runte, Gisela. *¿Por qué somos infieles las mujeres?*, Editorial Gedisa, Barcelona, 2003.

Townend, John. *Lo que quieren las mujeres, lo que quieren los hombres. Porque ambos todavía consideran el amor y el compromiso de una manera tan diferente*, Oxford University Press, México, 2000.

SI DESEAS COMUNICARTE CONMIGO

WWW.FORTUNADICHI.COM / SEXOLOGA@CC.COM.MX

Esta obra fue impresa en octubre de 2010
en los talleres de Edición Digital Cromática, S.A. de C.V.,
que se localizan en la Av. Parque de Chapultepec 43,
colonia Fraccionamiento El Parque Naucalpan, Estado de México.
La encuadernación de los ejemplares se hizo
en los mismos talleres.